essentials

Essentials liefern aktuelles Wissen in konzentrierter Form. Die Essenz dessen, worauf es als „State-of-the-Art" in der gegenwärtigen Fachdiskussion oder in der Praxis ankommt. *Essentials* informieren schnell, unkompliziert und verständlich

- als Einführung in ein aktuelles Thema aus Ihrem Fachgebiet
- als Einstieg in ein für Sie noch unbekanntes Themenfeld
- als Einblick, um zum Thema mitreden zu können

Die Bücher in elektronischer und gedruckter Form bringen das Fachwissen von Springerautor*innen kompakt zur Darstellung. Sie sind besonders für die Nutzung als eBook auf Tablet-PCs, eBook-Readern und Smartphones geeignet. *Essentials* sind Wissensbausteine aus den Wirtschafts-, Sozial- und Geisteswissenschaften, aus Technik und Naturwissenschaften sowie aus Medizin, Psychologie und Gesundheitsberufen. Von renommierten Autor*innen aller Springer-Verlagsmarken.

Lutz Unterseher

Europäische Aufrüstung: Ein Irrweg?

Springer VS

Lutz Unterseher
Berlin, Berlin, Deutschland

ISSN 2197-6708   ISSN 2197-6716   (electronic)
essentials
ISBN 978-3-658-50585-1   ISBN 978-3-658-50586-8   (eBook)
https://doi.org/10.1007/978-3-658-50586-8

Die Deutsche Nationalbibliothek verzeichnet diese Publikation in der DeutschenNationalbibliografie; detaillierte bibliografische Daten sind im Internet überhttps://portal.dnb.deabrufbar.

Springer VS ist ein Imprint der eingetragenen Gesellschaft Springer Fachmedien Wiesbaden GmbH und ist ein Teil von Springer Nature.
Die Anschrift der Gesellschaft ist: Abraham-Lincoln-Str. 46, 65189 Wiesbaden, Germany

- Einsichten in das Wesen nuklearer Abschreckung,
- einen Einblick in den Zustand des Nordatlantischen Bündnisses nach Präsident Trumps sicherheitspolitischen Initiativen,
- eine Einschätzung der Bedrohung durch Russland,
- Überlegungen zu den ökonomischen und sozialpolitischen Folgen europäischer Aufrüstung,
- Skizzen militärischer Alternativen für einen stabilen Schutz Deutschlands und Europas.

Inhaltsverzeichnis

Über den Autor

Lutz Unterseher ist Soziologe und Politikwissenschaftler, in Münster mit einer militärtheoretischen Arbeit habilitiert. Er hat an Universitäten und Militärakademien rund um die Welt gelehrt. Projektarbeit für die Bundeswehr (1975–1983). Neuere Publikationen:

- Trump: Die ersten 100 Tage, Wiesbaden 2025
- Gelegenheit macht Kriege, Wiesbaden 2024
- Krieg in der Ukraine, Wiesbaden 2023
- Instrumente militärischer Krisenreaktion, Wiesbaden 2022
- Kopflose Rüstung: Waffentechnik im Dritten Reich, Berlin 2021
- Militärmacht China: Auf dem Weg zur Hegemonie, Baden-Baden 2020

SASUnterseher@web.de

La guerre! C'est une chose trop grave
pour la confier à des militaires

Georges CLEMENCEAU
(1841–1929)

US-Präsident Trump erschütterte die nordatlantische Gemeinschaft. Er unterminierte den Zusammenhalt des westlichen Bündnisses, indem er drei politische Orientierungen erkennen ließ: Er schien bilaterale Beziehungen zu einzelnen europäischen Staaten Versicherungen der Allianz gegenüber zu bevorzugen. Der militärische Schutz der Europäer wurde von deren Wohlverhalten abhängig gemacht – sprich: von dramatischer Erhöhung ihrer Verteidigungsausgaben. Aber auch für solchen Schutz, insbesondere den „atomaren Schirm", dürfte es keine Garantie geben – hat sich doch Trump als Zufallsfaktor in die Weltpolitik eingeführt.

Die Europäer in der NATO waren geschockt, empfanden wegen der – übersteigert – wahrgenommenen Bedrohung aus dem Osten und der Relativierung des amerikanischen Schutzes ein Sicherheitsvakuum. Der *horror vacui* breitete sich aus.

So machte man sich in liebedienerischer Weise daran, die Wünsche Washingtons zu erfüllen und traf entsprechende Festlegungen. Damit wurde die Illusion genährt, sicherer zu sein: weil man meint, die US-Administration auf diese Weise ein wenig geneigter zu machen.

Mit der Aufrüstung der NATO-Europäer ergießt sich ein Füllhorn an Mitteln über die Militärs der Mitgliedsstaaten. Doch die beklagten Fähigkeitsdefizite der NATO-Armeen wurden von der Fachkritik bisher weniger auf fehlende Ressouren als eher auf strukturelle Probleme zurückgeführt:

L. Unterseher, *Europäische Aufrüstung: Ein Irrweg?*, essentials,
https://doi.org/10.1007/978-3-658-50586-8_1

1

Zu nennen sind Bürokratisierungstendenzen gerade in den Streitkräften zentraler NATO-Staaten in Europa, der mangelnde Aufgabenbezug des Militärs, das gerne Denkmoden aufsitzt, und schließlich die immer noch geringe Bereitschaft, zu einer umfassenden Arbeitsteilung im Bündnis zu kommen.

So öffnen nun die Militärs ihre Schubladen mit bisher nicht finanzierbaren Lieblingsprojekten und überzeugen die Politiker davon, dass diese internationales Ansehen verheißenden Spielzeuge alternativlos seien: Nur mit deren möglichst zügiger Beschaffung ließen sich bestehende Sicherheitsdefizite beheben. Der eigentlich erforderliche, oft als schmerzlich empfundene reformatorische Eingriff in verhärtete Strukturen soll damit möglichst vermieden werden.

So ist das Bonmot Clemenceaus (französischer Premier 1917 bis 1920), wonach man den Krieg nicht den Militärs überlassen dürfe, dahingehend zu erweitern, dass man ihnen auch die Rüstungs- und Strukturplanung der Streitkräfte nicht allein anvertrauen kann. Also wollen wir nach möglichst konkreten Alternativen fragen, die den militärischen Schutz Deutschlands und des freien Europas besser und ressourcengerechter gewährleisten können als der NATO-Mainstream.

Wegweiser durch den Text: Nach der Einleitung wird das Phänomen des atomaren Schutzschirms diskutiert, der in der Vergangenheit die Sicherheit der Europäer letztlich garantieren sollte. Dabei erscheint diese Garantie problematischer, als große Teile der europäischen Politik glauben wollten, und Donald Trumps Relativierung des Schutzes als durchaus heilsam.

In einem weiteren Kapitel wird skizziert, mit welchen Versprechen die politischen Eliten in der europäischen NATO auf Trumps Ansage reagiert haben, um dann zu untersuchen, wogegen sich diese Anstrengungen richten sollen: die „Bedrohung aus dem Osten". Schließlich wird nach Implikationen des für erforderlich gesehenen Aufwandes gefragt: sozial und ökonomisch.

Es schließt sich eine Untersuchung der Frage an, ob die Bundeswehr in ihrer Geschichte der von der Politik vorgegebenen Verteidigungsaufgabe gemäß orientiert, strukturiert und gerüstet war. Zweifel daran werden herausgearbeitet.

Damit ist die Voraussetzung dafür geschaffen, die Umrisse deutscher Streitkräfte zu bestimmen, die einen stringenten Aufgabenbezug und Ressourcengerechtigkeit versprechen sowie von ihrer Struktur her die Perspektive der Integration in tatsächlich vereinte europäische Streitkräfte eröffnen.

Anschließend werden diese europäischen Streitkräfte – modellhaft – vorgestellt. Es handelt sich um ein Gedankenexperiment, das zeigen soll, was an Verteidigungskraft generiert werden könnte, wenn sich nationale Egoismen, militärische Profilsucht, unsinnige Mehrfachstrukturen und simple Verschwendung überwinden ließen.

Das Schlusswort ist ein Appell an die europäische Politik, institutionellen Sachverstand zu schaffen, der – sich vom nationalen Statusgerangel und dem kontraproduktiven Profitinteresse der Rüstungsindustrie emanzipierend – dabei hilft, über die Militärapparate eine Kontrolle im Sinne von Sicherheit und Stabilität auszuüben.

2.1 Die Grundlage des Bündnisses

Artikel 5 des NATO-Vertrages besagt, dass ein bewaffneter Angriff auf einen oder mehrere Mitgliedsstaaten als Angriff auf alle zu verstehen ist. In einem solchen Fall verpflichten sich alle NATO-Mitglieder, dem oder den Angegriffenen Beistand zu leisten.

Dabei sind Maßnahmen zu ergreifen, die von den jeweiligen Mitgliedsstaaten für notwendig erachtet werden, um die Sicherheit des nordatlantischen Gebietes wiederherzustellen und aufrechtzuerhalten.

Der Charakter solcher Maßnahmen ist nicht definiert. Zyniker haben bemerkt, dass die Reaktion vom Androhen (und Exekutieren) eines nuklearen Schlages bis zum Versenden einer Beileidspostkarte reichen könne.

Doch haben die USA, zentrale Macht des Bündnisses, sich in der Zeit des Kalten Krieges immer wieder als Hüter und Garanten der Sicherheit der europäischen Mitgliedsstaaten präsentiert. Vor dem Hintergrund der Annahme einer beträchtlichen Überlegenheit vor allem der konventionellen Landstreitkräfte der Sowjetunion bzw. des Warschauer Paktes in Mitteleuropa erklärten die Vereinigten Staaten, nicht nur eine atomare Bedrohung der Bündnispartner mit der Androhung des Gebrauchs entsprechender Mittel abschrecken zu wollen, sondern auch eine nicht-atomare. Dies implizierte bei Versagen der Abschreckung, etwa in einer Ost-West-Krise mit Kommunikationsstörungen zwischen den Parteien, den Erstgebrauch *(First Use)* von Massenvernichtungsmitteln.

Durch die Schaffung einer „nuklearen Planungsgruppe" mit Stabspersonal auch aus den europäischen Mitgliedsländern wurde der Eindruck erweckt, dass diese an der Entscheidung beteiligt wären, wann und unter welchen Umständen auf ihrem Gebiet Atomwaffen eingesetzt würden.

L. Unterseher, *Europäische Aufrüstung: Ein Irrweg?*, essentials, https://doi.org/10.1007/978-3-658-50586-8_2

Dieser Eindruck wurde mittels des Konstrukts der „nuklearen Teilhabe" verstärkt: nämlich dadurch, dass die Bündnispartner Trägersysteme für US-amerikanische Atombomben bereithielten.

Bei all dem ging (und geht) es freilich um eine Scheinbeteiligung. In letzter Instanz entscheidet allein der US-Präsident im engeren Beraterkreis über den Einsatz der Massenvernichtungsmittel seines Staates.

Die erklärte Bereitschaft, für die Sicherheit der Europäer im schlimmsten Fall auch mit dem Einsatz von Atomwaffen einzustehen, bildete das Fundament der Dominanz der Vereinigten Staaten in Europa. Auch wenn sich die Europäer im Rahmen der EU vor allem als Wirtschaftsmacht und außenpolitisch tendenziell von den USA emanzipiert haben, scheint – wie die Reaktionen auf Trumps Relativierung der NATO zeigen – eine Abhängigkeit auf militärpolitischem Gebiet weiter empfunden zu werden.

2.2   Eskalation oder begrenzter Atomkrieg

Wenn eine Partei, der Westen, sich angesichts einer Bedrohung durch überlegen erscheinende konventionelle Streitkräfte gezwungen sieht, als erste Atomwaffen einzusetzen, und zwar im taktisch-operativen Rahmen – um eigene Schwäche zu kompensieren, bringt sie sich in eine sehr problematische Lage. Wenn die andere Seite dann in gleicher Münze heimzahlt, besteht die Gefahr, dass eine Eskalation hin zur strategischen Ebene erfolgt: zum *all out nuclear war.*

Es geht also um *Eskalationskontrolle* durch *Eskalationsdominanz.* Mit anderen Worten: Man sucht mit dem Gegenüber auf der Ebene des atomaren Schlagabtausches auf eine Weise zu kommunizieren, dass – bei eigenen Vorteilen – der Prozess gegenseitiger Vernichtung zum Erliegen kommt.

Darüber, wie dies zu bewerkstelligen wäre, haben Tausende von Analytikern nachgedacht. Die dabei entstandenen Konzepte liefen auf die Konzeption einer „flexiblen Antwort" hinaus. Was ist damit gemeint?

Es geht darum, im Kontext eines – auch – mit atomaren Einsatzmitteln ausgetragenen Konfliktes der Gegenseite den Ausstieg aufzuzwingen: durch eine flexible, nicht kalkulierbare Strategie, die mit einer politischen Botschaft verknüpfte Warnschläge, den Einsatz taktischer Atomwaffen auf dem Gefechtsfeld oder in die Tiefe reichende Präzisionsangriffe gegen relevante Infrastruktur umfassen kann und in deren Rahmen auch Operationen konventioneller Streitkräfte eine wichtige Rolle spielen mögen. Dies auf der Basis technologischer und informationeller Überlegenheit, die der Westen lange für sich reklamieren konnte: also überlegene Aufklärung und atomare Einsatzmittel mit relativ kurzer Reaktionszeit, großer Präzision und dosierbarer Wirkung.

Die Fähigkeit des Westens, in einem atomaren Schlagabtausch die Oberhand zu behalten, sollte den Osten abschrecken. Das Problem bei einem solchen Kalkül ist aber, dass ein Krieg etwa im Zusammenhang der bereits angesprochenen Fehlkommunikation trotzdem ausbrechen kann und dass keineswegs sicher ist, wie die andere Seite auf Bemühungen ihres Gegenübers um Eskalationsdominanz reagiert, sich also möglicherweise nicht „dominieren" lässt.

Bemerkenswert in diesem Kontext ist, dass in den USA die Entwicklung – auf den Ebenen Einsatzdoktrin und Technologie – in die Richtung der Möglichkeit ging, einen nuklearen Schlagabtausch auf Europa zu begrenzen. Von der Option, einen solchen Krieg führen zu können, ohne die USA selbst zu gefährden, versprach man sich eine besondere Abschreckungswirkung. Auf dem alten Kontinent hingegen, insbesondere in der Führung der Bundeswehr, wurde diese Option aus guten Gründen gefürchtet. So betonte man, die wahre Abschreckung liege darin, dass ein etwaiger Einsatz von taktischen Atomwaffen letztlich durch das strategische Arsenal der USA rückversichert sei, die Vereinigten Staaten also selbst ins Risiko träten. *Die einen wollten also ankoppeln, die anderen entkoppeln.*

So gab es im Verständnis atomarer Kriegführung der NATO gravierende Widersprüche. So gravierend, dass die Rationalität der Gesamtkonzeption infrage stand.

Hierzu eine ernüchternde Information: General Johannes Gerber, 1973–1976 Mitglied des Stabes von SHAPE, *Supreme Headquarter Allied Powers Europe,* berichtete dem Autor (am 3. 9. 1991), dass bei Planspielen mit Atomwaffen die (angenommene) präsidentielle Freigabe für deren Einsatz oft erst nach sieben oder mehr Stunden erfolgt sei. Bei plausibler Annahme eines dynamischen Gefechtsgeschehens bedeutet dies, dass ein flexibler Einsatz solcher Waffen zwecks Eskalationsdominanz illusorisch war.

2.3 No First Use und die konventionelle Ebene

2.3.1 Konventionelle Offensivoption

Samuel Huntington, einer der einflussreichsten Politikwissenschaftler der USA, konstatierte 1983 ein atomares Patt zwischen den beiden Supermächten. Danach hätten beide Seiten im Zuge des Wettrüstens auf allen Ebenen einer möglichen Konfrontation nahezu gleichwertige Optionen erreicht: gesamtstrategisch, eurostrategisch und operativ-taktisch. Damit wurde es nach Huntington sinnlos, mit der Möglichkeit einer Eskalationsdominanz zu rechnen.

Mit anderen Worten: Die nuklearen Arsenale von Ost und West neutralisierten sich gegenseitig. Ihr Abschreckungswert gegenüber der Eventualität eines Angriffes nur mit konventionellen Streitkräften ging gegen Null.

Der Politologe schloss daraus, dass die Abschreckung auf der Ebene der konventionellen Streitkräfte geschehen müsse. In diesem Kontext argumentierte er, dass die relative Schwäche der NATO auf diesem Gebiet selbstverschuldet sei.

Aus Analysen einer Studieneinrichtung der U. S. Army, denen zufolge die NATO-Divisionen erheblich feuerstärker und regenerationsfähiger waren als die des Warschauer Paktes, schloss er, dass eine wesentliche konventionelle Schwäche des Westens zum Reich der Legenden gehörte. Das Problem sei nur, dass die schweren, angriffsstarken NATO-Großverbände darauf festgelegt worden seien, eine Linie, nämlich die bundesdeutsche Grenze zu verteidigen, ohne von ihrer wahren Fähigkeit zu weiträumigem Bewegungskrieg Gebrauch machen zu können.

Bei eher geringem Nachrüstungsbedarf forderte er, diese schweren Verbände im Falle eines unmittelbar bevorstehenden Angriffs aus dem Osten tief in dessen Territorium eindringen zu lassen. Von dieser Bestrafungsdrohung, der Warschauer Pakt hätte innere Destabilisierung befürchten müssen, versprach er sich eine abschreckende Wirkung.

Ein anderer US-amerikanischer Politikwissenschaftler, John Mearsheimer, kam zur selben Zeit in einer systematischen Auswertung von zwölf Fällen aus der neueren Vergangenheit, bei denen konventionelle Streitkräfte konfrontiert waren, zu dem Ergebnis, dass eine Konzentration für den (Gegen-)Angriff offene Flanken schaffe, womit eine Einladung für Offensivmaßnahmen des Kontrahenten gegeben wäre. Das bedeutet also: Keine Abschreckung durch ein Androhen von Bestrafung *(punishment)!*

2.3.2 No First Use

Kurz zuvor waren vier prominente Persönlichkeiten der sicherheitspolitischen Community der USA, darunter Robert McNamara und George Kennan, mit einer Erklärung an die Öffentlichkeit getreten, die eine fundamentale Kritik an der Nuklearstrategie des Westens zum Gegenstand hatte.

Mit dieser Erklärung wurde ein „No First Use" von atomaren Waffen durch die NATO gefordert. Sie hatte ein breites Echo und wurde im Auftrag der Vier durch die *Union of Concerned Scientists* (UCS), eine Vereinigung kritischer Naturwissenschaftler, durch Daten und Argumente gestützt.

Worum ging es? Der Erstgebrauch von Atomwaffen, etwa um konventionelle Unterlegenheit zu kompensieren, erschien den Autoren als ein Weg zum Selbstmord. Auch sie sahen das Problem, eine eventuelle Eskalation nicht kontrollieren zu können: weil die Reaktion der anderen Seite nicht mit akzeptabler Sicherheit zu kalkulieren wäre.

Atomwaffen sollten nur dem Zweck dienen, die Gegenseite von einem Erstgebrauch abzuschrecken.

So ging es auch den amerikanischen Zelebritäten und der Union of Concerned Scientists um eine taugliche Verteidigung auf der konventionellen Ebene, um den Fall eines nuklearen Schlagabtausches gar nicht erst eintreten zu lassen.

Anders als Huntington akzeptierte man jedoch die damalige NATO-Konzeption, nämlich schwere Divisionen eine Linie verteidigen zu lassen: wobei deren Beweglichkeit nur in einer relativ engen Zone westlich der innerdeutschen Grenze zu nutzen war.

Es sollten aber die Defensivmöglichkeiten im Rahmen dieser Konzeption verstärkt werden, vor allem durch eine zusätzliche Ausstattung der den Großverbänden zugehörigen Infanterie mit Panzerabwehrmitteln.

Außerdem wurde für die Beschaffung weitreichender Präzisionslenkwaffen plädiert. Ähnliches, allerdings in größerem Maße, sah ein Plan des damaligen NATO-Oberkommandierenden in Europa Bernard Rogers vor, um im Falle eines Falles vor allem auf die Transportwege der anmarschierenden Formationen des Warschauer Paktes einwirken zu können.

Damit gab es also im Denkansatz der No-First-Use-Plattform ebenfalls eine Bestrafungsoption: allerdings weniger provokativ als die Idee der offensiven Landnahme bei Huntington.

So lässt sich alles in allem konstatieren, dass es den US-Granden eher um Abschreckung durch eine glaubwürdige Abhaltung *(denial)* ging als darum, die Gegenseite massiv zu bedrohen – und damit möglicherweise zu präemptiven Maßnahmen zu motivieren.

2.3.3   Alternative Verteidigung

Die Idee der stabilen Abhaltung war auch die Grundlage einer Denkschule, die unter den Begriffen „alternative Verteidigung", „defensive Verteidigung", „nicht-offensive Verteidigung", „nicht-provokative Verteidigung" oder „Vertrauensbildende Verteidigung" in der Zeit nach dem NATO-Doppelbeschluss und dem Aufblühen der Friedensbewegung von sich reden machte.

Sie entstand im Kreis um den Physiker und Philosophen Carl Friedrich von Weizsäcker. Wichtige Arbeiten wurden von Horst Afheldt und seinem Vetter Eckart, einem pensionierten Bundeswehrgeneral, geleistet. Weitere hohe Offiziere der Bundeswehr, alle Kritiker der NATO-Nukleardoktrin, kamen hinzu.

Wenig später bildete sich in der Bundesrepublik die Studiengruppe Alternative Sicherheitspolitik (SAS), die sehr bald international aufgestellt war und Mitglieder in den USA sowie etlichen europäischen Ländern hatte.

Worum ging es dieser Denkrichtung – jenseits mancher Unterschiede der einzelnen Beiträge? Eine nach dem Abhalteprinzip konstruierte konventionelle Verteidigung sollte von der NATO-Konzeption der schweren Großverbände mit ihrer Ambivalenz Abschied nehmen – schließlich dachten Huntington und zunehmend mehr Militärs an die Option eines „Ostlandrittes" – und zweierlei anstreben:

- die Minimierung von Provokation der Gegenseite, um insbesondere in einer politischen Krise dort nicht Kalküle zu bestärken, zuvorkommen zu müssen *(Vertrauen beim Kontrahenten)*,
- und den Aufbau eines funktionstüchtigen, der Gegenseite Schlüsselziele verweigernden sowie den Heimvorteil zur Kostenersparnis nutzenden territorialen Schutzes *(Vertrauen bei der eigenen Bevölkerung)*.

Dies erschien als Voraussetzung dafür, das Atompotenzial des Westens auf eine „Minimalabschreckung" (auch *finite deterrence* genannt), im Sinne einer *ultima ratio*, gegen den Ersteinsatz der anderen Seite reduzieren zu können. Dabei wurde an ein seestationiertes europäisches Abschreckungspotenzial gedacht, wie es gegenwärtig etwa Frankreich besitzt – Emanzipation vom fragwürdigen Schutz durch den Nuklearschirm der USA.

Zunächst konzentrierten sich die Arbeiten an einer alternativen konventionellen Verteidigung auf die Landstreitkräfte. Ein wichtiger Ausgangspunkt war das Modell der Afheldts. Es sah ein den Großteil der Bundesrepublik deckendes Netz vor, dessen Knoten Infanterie-Teams mit modernen Panzerabwehr- und Sperrmitteln bildeten. Damit waren gegnerische Kalküle des Ausflankierens und des Überspringens frustriert, und es wurde möglich, die Kräfte eines Eindringlings zu kanalisieren und abzunutzen. Der Konzeption nach blieben in dieser Raum-kontrollierenden Struktur Ballungszentren und größere Städte ausgespart (das völkerrechtliche Konstrukt der „offenen Stadt"). Diese sollten durch die Beherrschung der umliegenden Gebiete geschützt werden.

Da das Netz allein massive Angriffe nicht aufhalten konnte, erhielt es eine „Rückversicherung" durch in der Tiefe des Raumes aufgelockert verteilte Artillerieraketensysteme, deren Unterstützungsfeuer von den einzelnen Teams über ein Lichtleitfasernetz abgerufen werden konnte.

Die Studiengruppe Alternative Sicherheitspolitik nahm diesen Ansatz auf und berücksichtigte dabei relevante Einwände: nämlich dass dem rein statischen Netz taktische Flexibilität mangele und dass die ausschließliche Ausstattung mit Lenkflugkörpern, als „Monokultur", zur technologischen „Gegenoptimierung" einlade.

So legte SAS ein optimiertes Modell für die Landstreitkräfte vor (später wurde das Prinzip der „Defensivität" auch auf Luft und See angewendet), das bis in die Gegenwart fortentwickelt worden ist.

Raumkontrolle durch eine Netzstruktur bildet weiterhin die Basis der Konzeption. Doch sind die Maschen in Zeiten militärischer Personalknappheit weiter geworden, und die Knoten des Netzes wurden durch Rohrartillerie sowie durch Teams mit taktischen Drohnen besetzt, deren Wirkradius erheblich größer ist als jener der Panzerabwehr-Lenkraketen im Urmodell.

Das Netz wird zur Feuerglocke, unter deren Schutz schnelle gepanzerte Verbände *(Spinnen im Netz)* zur Krisenbereinigung operieren. Doch nicht nur Schutz erhalten sie, sondern auch informationelle und logistische Unterstützung. Weil die schnellen Verbände das Netz als *force multiplier* haben, können sie im Gesamtumfang und in ihrer Verbandsgröße kleiner sein als die entsprechenden Formationen der NATO. Innerhalb effizient – außerhalb in der Wirkung gehandikapt: ein pragmatischer Beitrag zur Nicht-Offensivität!

2.3.4   Gorbatschow

Die Militärreform Gorbatschows von 1988 wies in grober Annäherung Ähnlichkeiten mit dem skizzierten Ansatz auf: Raumorientierung durch verstärkte Artillerie größerer Reichweite und mehr Panzerabwehr- und Sperrmittel für die Infanterie, in deren Folge der Abzug großer Mengen von Kampfpanzern und die Verkleinerung der verbliebenen schweren Verbände möglich wurde – als wesentliche Voraussetzung für das Gelingen der Wiener Abrüstungsverhandlungen (KSE) von 1990. Zuvor waren die Gespräche über *Mutually Balanced Force Reductions* gescheitert.

3.1 Bemühtes Festhalten an der NATO

Die politischen Repräsentanten der NATO-Mitgliedsstaaten Europas bemühten – und bemühen – sich eifrig, den rüstungspolitischen Vorgaben Trumps zu entsprechen. Der kritisiert, dass diese Staaten, angesichts der wahrgenommenen Bedrohung aus dem Osten, viel zu wenig für ihre Verteidigung aufgewendet haben.

Er fordert, dass die Europäer 5 % des jeweiligen Brutto-Inlandsproduktes (BIP) für ihren militärischen Schutz aufwenden: was bei gegenwärtigen Ausgaben von knapp über 2 % eine Steigerung um das 2,5-fache bedeutet. Nur dann ließe sich an einen militärischen Schutz – einschließlich des atomaren Schirms – durch die USA denken. Doch auch dafür gibt es keine Garantie.

Die Europäer ließen sich darauf ein. Sie klammern sich an die NATO und ihre Institutionen, weil sie damit aufgewachsen sind, sich keinen genuin europäischen militärischen Verbund mit Eigengewicht vorstellen können: zumal entsprechende Bemühungen immer im Schatten der NATO standen.

Ohne dieses Bündnis, auch wenn es auf wackligen Beinen steht, sehen sie sich – militärisch – nackt und bloß und erliegen dem *Horror Vacui*.

Die Europäer, von der Höhe der fiskalischen Forderung tendenziell überfordert, suchten die Sache – bei aller Liebedienerei – pragmatisch anzugehen und dehnten den Zeithorizont für die Ausgabensteigerung bis zum Jahr 2035. Vielleicht mit dem Hintergedanken, dass bis dahin einiges geschehen könnte: etwa ein Ende der Ära Trump mit dem Ergebnis weniger drückender Auflagen – weil es diesem letztlich doch nicht gelingen würde, die USA in ein autoritäres System zu verwandeln.

13

L. Unterseher, *Europäische Aufrüstung: Ein Irrweg?*, essentials, https://doi.org/10.1007/978-3-658-50586-8_3

Der deutsche Verteidigungsminister, der Sozialdemokrat Boris Pistorius hingegen, bemüht sich ganz besonders um das Wohlwollen seines Herren in Washington. Er sagte das Erreichen des Ziels schon vor Ende dieses Jahrzehnts zu.

Den Kontrast bietet der sozialdemokratische Premierminister Spaniens, der aus der Phalanx ausscherte und Ausgaben nur etwas über 2 % des BIP hinreichend fand, um den bisherigen Vorgaben der NATO zu entsprechen.

Ein weiteres Stück Pragmatismus liegt darin, dass 1,5 % des BIP für die Modernisierung der Infrastruktur der Partnerländer vorgesehen wurden – und zwar insbesondere die Erneuerung und den Ausbau von militärisch und zivil nutzbaren Transportwegen (Brücken, Straßen, Bahn).

Dies wird auf die geforderten 5 % angerechnet, sodass für militärische Ausgaben im engeren Sinne „nur" noch 3,5 % bleiben: was aber immer noch eine Steigerung um fast das 1,8-fache gegenüber dem gegenwärtigen Anteil am BIP bedeutet.

Da in etlichen NATO-Staaten in Sachen Infrastruktur einiges im Argen liegt, kommt ein Teil des Ausgabenpakets mit seinem Modernisierungsziel auch der allgemeinen Wirtschaftsentwicklung zu Gute.

3.2   Die Bedrohung aus dem Osten

Russland weist Merkmale eines „Führerstaates" auf. Die Vorgaben des Machtzentrums wirken in alle gesellschaftlichen Bereiche hinein. Widerstand ist weitgehend marginalisiert. Wladimir Wladimirowitsch Putin ist es gelungen, einen Machtapparat aus Streitkräften, Geheimdiensten, Polizei-Organen und paramilitärischen Organisationen aufzubauen, den er nach dem Prinzip „Teile und herrsche!" vollkommen kontrolliert und mit dem er ein Instrumentarium besitzt, das Land im Griff zu halten. Dieser Machtapparat erinnert in der Struktur an die Terrormaschinerie Adolf Hitlers.

Ein weiterer wesentlicher Bezug zum Dritten Reich zeigt sich im Phänomen des „russischen Kollektivs". Es darf als funktionales Äquivalent der „deutschen Volksgemeinschaft" gelten. Mit diesen Konstrukten werden Einheit, Solidarität und Harmonie, insbesondere die Einigkeit mit der Herrschaft, suggeriert, obwohl Zwietracht und eine oft mörderische Konkurrenz um die Gunst der Führung das Bild prägen.

Ein solches System ist auf die gewaltsame Ausdehnung seines Machtbereiches angewiesen. Es kann sich der Unterstützung der Bevölkerung nie ganz sicher sein, denn die hat keine institutionell abgesicherte Möglichkeit, durch ungelenkte Wahlen und freie Medien ihren Willen zu äußern.

So wird unternommen, diese Unterstützung durch die Befriedigung materieller Bedürfnisse (das BIP pro Kopf, in Kaufkraft, ist in Russland gut doppelt so hoch wie in der Ukraine) zu sichern und im Übrigen die chauvinistische Trommel zu rühren: ein expansiver Nationalismus als Mittel, Identifikation mit dem Regime zu generieren. Die Gebietsansprüche des russischen Neo-Imperialismus beziehen sich unmittelbar vor allem auf die westlichen der mit dem Zusammenbruch der Sowjetunion verlorengegangenen vierzehn Teilrepubliken, aus denen souveräne Staaten geworden sind (von denen drei der NATO beitraten).

Allerdings wurde antizipiert, dass die Rückgewinnung dieser Territorien von nicht unbeträchtlichen Schwierigkeiten begleitet sein würde: insbesondere im Zusammenhang mit militärischen Operationen.

Die „Spezialoperation" gegen die Ukraine wurde unter der falschen Annahme begonnen, man habe es mit einem „Spaziergang" zu tun.

Vor dem Hintergrund der Wahrnehmung eigener Defizite sowie zur Risikominimierung wurde bislang der Weg der hybriden Kriegführung präferiert. Diese geschieht auf unterschiedlichsten Ebenen: politisch, ökonomisch, subkonventionell-militärisch, mit Propaganda und Desinformation oder als Cyber War.

Obwohl ein Hybridkrieg prinzipiell auch von überlegenen Staaten geführt werden kann, ist er doch eher das Mittel der weniger potenten Seite, der „Giftzahn des Schwachen".

Dem Schwachen geht es darum, eine beanspruchte Einflusssphäre zu behaupten oder zu erweitern sowie dem Gegenüber in dessen eigenem Bereich zu schaden, ohne das Risiko einer Eskalation zu gehen, die zu einem ausgewachsenen „richtigen" Krieg führen könnte.

Tatsächlich ist Russland nicht der Staat, der mit seinem Potenzial die derzeitige Furcht der Europäer begründen kann. Seine Industrie ist nicht signifikant größer als die Italiens. Die staatlichen Einkünfte, die für die Rüstung relevant sind, kommen aus dem Verkauf oder Verschleudern fossiler Energieträger auf dem Weltmarkt mit seinen volatilen Preisen – was eine expansive Rüstungsplanung problematisch macht.

Russlands Streitkräfte haben es trotz des substanziellen Beistandes anderer totalitärer Staaten (Nordkorea, China, Iran) in dreieinhalb Jahren nicht vermocht, die schwache Ukraine niederzuwerfen, die zwar beträchtliche militärische Lieferungen durch westliche Länder erhielt: Hilfen, die allerdings oft zu spät kamen und dann nicht immer dem konkreten Bedarf entsprachen.

Zu berücksichtigen ist ebenfalls, dass in einem möglichen Konflikt mit Europa auf der Ebene konventioneller Streitkräfte Russland nicht sein gesamtes Potenzial gen Westen richten könnte. Aus geopolitischen Erwägungen müssten Teile davon zur Deckung anderer strategisch wichtiger Räume des Riesenreiches zurückgehalten werden. Im Übrigen bleibt zu notieren, dass die konventionelle Komponente der Streitkräfte in erbitterter Ressourcenkonkurrenz mit der Atomrüstung Russlands liegt – wobei letztere immer wieder Prioritäten beanspruchen kann, da sie die strategische Konkurrenz mit den USA verkörpert.

So etwa sind die taktischen Luftstreitkräfte Russlands numerisch und qualitativ schwächer als die der Europäer. Die kleine Ostseeflotte ist mittels der schwedisch-dänischen Meerenge relativ leicht „einzusperren", und die Nordflotte hätte es mit überlegener westlicher Seemacht zu tun.

Das russische Heer war vor dem Überfall auf die Ukraine nicht größer als die Gesamtheit der europäischen Landstreitkräfte – bei qualitativen Nachteilen. Die seither durch brachiale Mobilisierung erfolgte Aufblähung dürfte auf Dauer nicht durchzuhalten sein.

3.3   Ressourcenproblematik

2024 beliefen sich Russlands Ausgaben für das Militär sowie die Innere Sicherheit (und damit auch für paramilitärische Formationen, die militärisch relevant sein können: etwa als Ersatz von Besatzungstruppen) auf ca. 150 Mrd. USD *(Statista 2025)*. Dies bedeutet eine beträchtliche Steigerung gegenüber den Jahren zuvor, und weitere Erhöhungen sind geplant.

Allerdings beträgt der Anteil dieser Ausgaben am BIP bereits etwa 7 %. Die Grenze nach oben ist also absehbar, denn das Regime ist wegen der Unterstützung durch die Bevölkerung darauf angewiesen, den gewohnten Standard der Versorgung mit Konsumgütern in etwa zu halten. Chauvinistische Propaganda kann Konsumverzicht nur begrenzt kompensieren helfen.

Demgegenüber gaben die europäischen NATO-Länder und Kanada 2024 480 Mrd. USD für das Militär aus. Damit war das alte Ziel von 2 % für die Verteidigung fast erreicht. 2025 ist mit über 560 Mrd. USD ein Überschreiten der Zielmarke zu erwarten. Bekanntlich soll die Erhöhung in hohem Tempo weitergehen.

Dies wird in einigen Bündnisländern, insbesondere in Deutschland, vor allem auch auf der Basis von Krediten geschehen. Hierbei ist immer wieder von einem „Militärkeynesianismus" die Rede: also der Ankurbelung der Wirtschaft durch staatlich gepumpten Geldsegen für die Rüstung.

Allerdings würde John Maynard Keynes (1883–1946) sich angesichts einer solchen Perspektive im Grabe umdrehen, wenn seine Asche nicht im südenglischen Hügelland verstreut worden wäre. Der große englische Ökonom hatte nämlich zu allererst an Investitionen in den zivilen Sektor gedacht (Infrastruktur, Forschung, Innovationshilfen).

Ein geistiger Erbe, der Schotte Malcolm Chalmers, wies 1985 nach, dass der Niedergang der britischen Wirtschaft unter Margret Thatcher wesentlich mit den hohen Verteidigungsausgaben zusammenhing, die damals bei über 5 % des BIP lagen *(Paying for Defence: Military Spending and British Decline)*. Diese können allenfalls ein konjunkturelles Strohfeuer entfachen, haben aber nicht den Multiplikatoreffekt ziviler Investitionen.

Dass angesichts der großen Diskrepanz zwischen den europäischen und den russischen Verteidigungsausgaben – weitere – westliche Steigerungen dramatischer Qualität vorgesehen sind, ist äußerst irritierend, ja befremdend. Schreit doch schon die bisherige Diskrepanz danach, statt ein Füllhorn zusätzlicher Mittel auszuschütten, zu rationalisieren, echte Arbeitsteilung einzuführen, Redundanzen abzubauen, die Streitkräfteplanung stringenter auf die Verteidigungsaufgaben hin zu beziehen: kurz gesagt, Strukturen, und seien sie noch so verkrustet, grundlegend zu verändern.

Dazu aber fehlt der politische Wille, behindert durch ein auf Aufrüstung setzendes Interessengeflecht aus Militär, Industrie und einem Establishment, das im Schüren von Furcht eine Garantie seiner Existenz sieht.

Dies ist gefährlich, geraten doch überall in Europa die Verteidigungsausgaben in Konkurrenz mit dem Wohlfahrtsstaat. In Deutschland sollen diese Ausgaben innerhalb weniger Jahre von 63 (2024) auf über 150 Mrd. € steigen. Das will man durch den speziellen Militärkredit von 100 Mrd. €, der nach Beginn des Krieges gegen die Ukraine beschlossen wurde, und durch die Aufhebung der Schuldenbremse für das Verteidigungsbudget erreichen. Die Zinsen sind beträchtlich. Das Problem der Tilgung wird verdrängt.

Bemerkenswert, dass gerade in dieser Situation vom christdemokratischen Bundeskanzler die grundlegende Reformbedürftigkeit des Sozialstaates deklamiert wird. Trotz anderslautender Beteuerungen muss dessen teilweise Demontage befürchtet werden.

Und das in Zeiten zunehmender Bedrohung der Demokratie von rechts.

4.1 Die Ebene der Konzeption

4.1.1 Debatte der Gründer

Die Arbeiten an der strategisch-operativen Konzeption für die Bundeswehr, mit dem Heer im Brennpunkt, begannen früh. Bereits im Oktober 1950 legten 15 ehemalige hohe Wehrmachtsoffiziere auf Geheiß Konrad Adenauers eine Studie vor, die als „Himmeroder Denkschrift" bekannt geworden ist.

Das Studienergebnis – mit deutlich offensiven Zügen – stellte in der Konzeptionsdebatte die Mehrheitsmeinung dar, während die Minderheit durch den Vorschlag des Obersten a. D. Bogislaw von Bonin repräsentiert wurde, der als Leiter der Unterabteilung „Operative Planung" im Amt Blank der eigentlich Sachzuständige war. Er entwickelte seine Konzeption im Glauben an folgende Erklärungen Adenauers:

- Die „Soffjets" stehen vor der Tür!
- Wir können uns auf die Verbündeten verlassen!
- Wiedervereinigung ist das oberste Ziel Bonner Politik!

Für von Bonin folgten aus diesen Prämissen die Notwendigkeit des schnellen Aufbaus einer westdeutschen Armee aus alten Kadern, das Erfordernis einer betont defensiven Struktur, um die Sowjetunion nicht zu provozieren und die Perspektive der Wiedervereinigung offenzuhalten, sowie die Möglichkeit, alliierte mobile Reserven als Teil der Abwehr einzuplanen, solange die deutschen „Schildkräfte" noch relativ schwach sein würden.

L. Unterseher, *Europäische Aufrüstung: Ein Irrweg?*, essentials, https://doi.org/10.1007/978-3-658-50586-8_4

Das Konzept sah ein grenznah ansetzendes, gestaffeltes Verteidigungssystem von 50 bis 70 km Tiefe vor, das sich auf Panzerabwehr-starke Sperrverbände (mit hoher Resistenz gegen Infanterieangriffe) sowie relativ kleine mobile Eingreifreserven, vor allem Panzerverbände und Artillerie, stützen sollte, die für besonders gefährdete Räume als doppelte Sicherung vorgesehen waren. Die Struktur war einfach und innerhalb weniger Jahre realisierbar.

Auf *taktischer* Ebene beanspruchte von Bonin für seine Struktur hohe Resistenz: durch zahlreiche – aufgelockert dislozierte – gedeckte Stellungen beträchtlicher Feuerkraft und durch Flexibilität vor Ort, d. h. die Möglichkeit der begrenzten Verdichtung.

Die Designphilosophie: Durch zäh-flexiblen, lückenlosen und tief gestaffelten Widerstand lassen sich auch massivste Vorstöße eines panzerstarken Angreifers so sehr zermürben und fesseln, ja teilweise schlagen, dass der Verteidiger zum Schutz gegen drohende Durchbrüche mit relativ knappen *operativ* beweglichen Reserven auskommen kann, was die politische Nebenwirkung hat, die Defensive in ihrem Gesamtaufzug wenig provokativ halten zu können. So darf der Plan von Bonins als Vorläufer der *Alternativen Verteidigung* gelten.

Sofort gab es vehemente Kritik. Die hochrangigen Kritiker, „Väter" der Bundeswehr, erklärten von Bonins Werk für *streng geheim*, um es dann verzerrt darstellen zu können. Fälschlich wurde unterstellt, es sei die Schaffung eines sichtbar-massiven Befestigungsgürtels vorgesehen: schmal und deswegen leicht zu durchstoßen oder zu überspringen.

Auch die von den Gegnern des Plans behauptete mangelnde Reagibilität („Statik") schien nicht begründet. Vielmehr ging es um eine Akzentverlagerung von starken operativen Elementen hin zu flexibler taktischer Widerstandskraft.

Was die Kritiker getrieben hat? Da war zum einen das Misstrauen gegenüber den Verbündeten, und da entwickelte sich zum anderen ein recht kräftiges Statusinteresse. Nach dem Motto: Mitspracherecht gibt es nur, wenn man über möglichst viele Großverbände mit (Gegen-)Angriffsfähigkeit verfügt.

Für den Aufbau solcher Formationen wollte man durchaus einige Zeit veranschlagen, so nah schien die rote Gefahr auch wieder nicht, und die Perspektive baldiger Wiedervereinigung eignete sich für Fensterreden.

So wurde im Wesentlichen die Strukturkonzeption der „Himmeroder Denkschrift" (zwölf schwere, angriffsfähige Heeresdivisionen) zur Planungsleitlinie. Das galt aber nicht für die damit verbundene Abschreckungsphilosophie der 1950 in Himmerod versammelten Militärs, welche die Option weitreichender Operationen gen Osten vorsah.

General Uhle-Wettler im Jahre 1980: „Die offensive Konzeption Himmerods ist … längst aufgegeben, de facto war sie schon tot, noch bevor der erste Soldat Ende 1955 seine Uniform anzog. … Ein Gegenschlag, wie er in Himmerod skizziert wurde, könnte … den umfassenden Atomkrieg auslösen. … Mit der offensiven Konzeption fiel jedoch nicht die dazugehörende Heeresstruktur. … So haben wir von 1955 bis heute mit zunehmender Ausschließlichkeit ein Heer entwickelt, das am besten für weitreichende Angriffsoperationen in offenem Gelände geeignet wäre, indessen aber in zentraleuropäischem Gelände die (Vorne-)Verteidigung durchführen soll."

Von Anbeginn an hatten die bundesdeutschen Landstreitkräfte also eine Struktur, die nicht zu ihrem Auftrag passte.

4.1.2   Kalter Krieg

Das *Heer* organisierte sich in drei Korps mit insgesamt 11 Divisionen, die in auf die Konfrontationslinie zulaufenden Gebietsstreifen neben US-amerikanischen Korps und einem britischen standen. Sie waren damit gleichsam eingeklemmt. Eine weitere Division gehörte zusammen mit dänischen Truppen einem Korps zur Sicherung der Ostseeküste an. In Anlehnung an das Himmeroder Modell waren 10 der Großverbände Panzer- bzw. Panzergrenadierdivisionen.

Die *Marine* übernahm für das Bündnis mit modernen Schnellbooten und Küsten-U-booten wesentliche Aufgaben der Randmeer-Kontrolle. Über die Präsenz in der Ostsee hinaus mühte man sich aber auch, mit größeren Kontingenten von „Dickschiffen" (Zerstörern und Fregatten) integralen Anteil an der Überwachung von Nordsee und Norwegensee zu haben: an einer Aufgabe, für die es ein Überangebot an hochseetauglichen Einheiten der Allianz gab: nämlich britischen, dänischen, niederländischen, norwegischen und im Notfall auch US-amerikanischen Kriegsschiffen. Dieser Spagat der Bundesmarine, hinter dem weniger Sachkalküle als Statusambitionen standen, sollte sich als sehr kostenträchtig erweisen.

Die Erstausstattung der *Luftwaffe* mit US-amerikanischen Kampfflugzeugen stammte aus der Zeit des Koreakrieges. Deren Ersatz sollte einen Modernitätssprung bringen. Die Wahl des neuen Flugzeuges fiel auf den Tag-Jäger F-104 (*Starfighter*) von Lockheed. Diese relativ leichte, einstrahlige Maschine war schneller als Mach 2.

Auf deutsches Ersuchen hin wurde sie modifiziert, um als allwettertauglicher, weitreichender Jagdbomber einsetzbar zu sein. Mit einer Nuklearwaffe hatte dieser dann einen Aktionsradius von ca. 1500 km, also bis auf das Territorium der Sowjetunion.

Die Luftwaffe orderte über 900 dieser Maschinen, von denen fast 300 im Übungsbetrieb abstürzten: wohl weil die Umrüstung der leichten Grundkonzeption des Starfighters Gewalt angetan hatte.

Neben dieser Linie der Offensivrüstung verfolgte die Luftwaffe unter Josef Kammhuber (1957–1962 deren erster Inspekteur) auch noch eine andere – und zwar mit eher defensiver Konnotation: Den Hintergrund bildete die Überlegung, dass im Fall eines Ost-West-Konfliktes damit gerechnet werden müsse, dass die andere Seite in einem ersten Schlag einige der großen Luftstützpunkte (lange Rollbahnen!) des Westens neutralisieren könnte.

Um den damit gegebenen Verlust eigenen Potenzials zu vermeiden, wurde erwogen, die Luftwaffe mit senkrecht startenden Flugzeugen auszustatten, die von dezentralen, kleinen und möglichst getarnten Basen aus operieren würden.

Es entstanden Prototypen eines Überschall-Abfangjägers, eines Flugzeuges für die Luftnahunterstützung (von Bodentruppen) und eines Versorgers (für die verstreuten kleinen Stützpunkte). Dieses Programm wurde, obwohl ein hoher technologischer Standard erreicht worden war, Mitte der 1960er Jahre aufgegeben. Es war nicht NATO-kompatibel, stand gegen die Konzeption der weitreichenden Jagdbombermissionen.

Den Schutz der großen Luftstützpunkte des Westens wollte man vor allem dadurch erreichen, dass die Basen der Gegenseite angegriffen werden sollten. Dies wäre nur dann zweckmäßig gewesen, wenn man *vor* einem Start der gegnerischen Offensivkräfte zugeschlagen hätte.

Dass damit die eventuelle Notwendigkeit einer Präemption nahe lag, ist evident – und ebenso die damit gegebene Gefahr für die sicherheitspolitische Stabilität.

4.1.3   Interventionitis

Als der Warschauer Pakt sich auflöste und die UdSSR von Russland beerbt wurde, fehlte der NATO plötzlich die Daseinsberechtigung. Dass Russland instabil war, in nun unabhängigen Staaten Truppen unterhielt (Armenien, Moldawien, Tadschikistan) und Nachbarn bedrohte (Georgien, baltische Staaten), schien als Herausforderung unzureichend.

Ein neues, rettendes Handlungsfeld wurde gefunden: in Gestalt der bewaffneten Konflikte an der Peripherie des Bündnisses (Balkan) und der „Neuen Kriege" in der Dritten Welt. Zweierlei wurde insinuiert: Zum einen, dass die Dynamik der Globalisierung auch zu einer solchen der bewaffneten Konflikte führen müsse, und zum anderen, dass es im westlichen Interesse liege, in das entstehende Chaos mit militärischen Mitteln einzugreifen: aus humanitären, *vor allem aber auch ökonomischen Gründen.*

Empirische Studien zeigten jedoch, dass die erhöhte Häufigkeit von Bürgerkriegen nach der Ost-West-Konfrontation deren Nachwehen geschuldet war und dass sich das Konfliktgeschehen danach auf ein deutlich niedrigeres Niveau einpendelte. Doch die NATO erklärte bereits Anfang der 1990er, und die EU gegen Ende der 1990er Jahre, ihre Zuständigkeit für Engagements *out of area.*

So schuf die NATO das *Allied Rapid Reaction Corps,* das sich bald zu einem grotesken Koloss mit über 100.000 Soldaten aufblähte.

Das nächste Großgebilde war ein EU-Produkt. Die Mitgliedsländer beschlossen 1999, in Reaktion auf die Dominanz der USA im Balkankonflikt, den Aufbau einer respektablen Eingreiftruppe: Entsendung von bis zu 60.000 Soldaten innerhalb von 60 Tagen. Auch dieses Konstrukt erwies sich als Papiertiger. So begann man, kleinere Brötchen zu backen und bald die Süd- durch eine Ostorientierung zu ersetzen: gegenüber einer neuerlich perzipierten russischen Bedrohung. Geboren wurden Formationen im Umfang zwischen einer Brigade und einer Division, die schneller einsatzbereit sein sollten: die *EU Battle Groups* und die *NATO Response Force* sowie die *Very High Readiness Joint Task Force.*

Truppenteile der Bundeswehr waren und sind für all diese Konstrukte vorgesehen.

Den Eingreifkontingenten sollten von Fall zu Fall Luft- beziehungsweise auch Seekomponenten zugeordnet werden. Hierzu ist von US-Militärs die Konzeption der *jointness* entwickelt und von ihren europäischen Kameraden übernommen worden. Angestrebt wird die Vernetzung von Land-, Luft- und – wenn erforderlich – Seestreitkräften, um in engster Kooperation optimalen Effekt auch gegen starken Widerstand erzielen zu können.

Den Hintergrund bildete die Annahme, dass es darauf ankommt, geballte Kampfkraft über große Distanzen zu projizieren, etwa gegen einen *rogue state.* Reale Interventionsszenarien, in denen Infanterie die Aufgabe der Konfliktdämpfung zu leisten hat, kommen in diesem Denkraster nicht vor.

Die Konzeption der *jointness,* die der Luft-, aber auch der Seekomponente große Bedeutung verlieh, wurde von den Vertretern der entsprechenden Teilstreitkräfte mit Unterstützung der einschlägigen Rüstungsindustrie genutzt, ihre Ressourcen zu Lasten der Heereskräfte zu mehren.

4.2   Verteilung der Investitionen

Im Kalten Krieg bekam das bundesdeutsche Heer, weil man vor allem eine Bedrohung zu Lande sah, die Hälfte der Investitionsmittel. Heute ist die Luftwaffe, als Konsequenz der Interventionitis und der Tatsache, dass die Luftrüstung als besonders kapitalintensiv gilt, entsprechend privilegiert: erhält doch nun sie den größten Teil der fiskalischen Ressourcen. Im Gefolge dieser Privilegierung ist auch ihr Personalbestand relativ angewachsen.

Dabei sind doch die allermeisten Aufgaben in der Krisenreaktion, trotz *jointness,* vom Heer bewältigt worden. Man denke an das Engagement auf dem Balkan und in Afghanistan.

Die Luftwaffe hatte nur 1999 kurzzeitig einen „echten" Einsatz: im Rahmen des völkerrechtswidrigen Bombardements Rumpf-Jugoslawiens (ohne Plazet des UN-Sicherheitsrates) – und zwar mit 14 von damals weit über 400 ihrer Kampfflugzeuge. Gleichwohl hat man große Ansprüche: Der Flug von Jagdbombern nach Japan im Jahre 2022 (*Freundschaftsmission*) verdeutlicht den Geltungsdrang dieser Teilstreitkraft in frappierender Weise.

Mit der gegenwärtigen Bedrohungslage „Ost", dürfte (wieder) klar geworden sein, dass die Landstreitkräfte im Fokus der militärischen Anstrengungen stehen sollten. Es dürfte aber nur sehr schwerfallen, die in internationaler Kooperation befestigten Ansprüche der Luftwaffe zurückzuschrauben.

Die zweckwidrige Zuweisung von Mitteln ist der Hauptgrund dafür, dass der Eindruck des „Ausblutens" der Streitkräfte entstand. Sie bedeutet zudem, dass die Bundeswehr auch im Kontext der Militärinterventionen die „falsche Armee" war.

Zur Illustration: Bei den Auslandseinsätzen des Heeres fiel medienwirksam auf, dass es vor Ort an Ausrüstung gebrach: sei es Feldlagerausstattung, seien es geeignete Patrouillenfahrzeuge. Die Klage des Heeres kam dann in der Öffentlichkeit so an, als sei die Bundeswehr insgesamt dabei, aus Mittelknappheit zu versagen.

Hinzu kam allerdings noch, dass die Rüstungsplanung wegen – durch Bürokratie bedingter – mangelnder Flexibilität sich immer wieder als unfähig erwies, auf neue Herausforderungen, sprich: Einsatzszenarien, angemessen zu reagieren.

Die Rüstungsplanung ist allerdings noch in anderer Hinsicht überfordert:

4.3   Fragwürdige Rüstungsplanung

4.3.1   Störvariablen

Es besteht der Eindruck, dass durch die ambitionierten Sonderwünsche der militärischen Rüstungsplaner („eierlegende Wollmilchsau") und die daraus resultierenden Friktionen unverhältnismäßig hohe Mehrkosten und Zeitverluste entstehen.

Auf der Seite der Industrie werden solche Wünsche gerne akzeptiert: sind doch damit meist nicht nur initiale Preiserhöhungen zu begründen, sondern auch Nachforderungen – wenn die verlangte Komplexitätssteigerung zu technischen Störungen führt.

Soweit die Rüstungsvorhaben im Rahmen europäischer Kooperation geschahen, kam neben den national wirkenden, die Planung problematisch machenden Faktoren noch der hohe Zeitaufwand für die Abstimmungsprozesse hinzu, der zugleich auch Kostensteigerungen bedeutet.

Zudem entstanden mit der Zusammenarbeit zusätzlich preistreibende Angebotskartelle. Nicht eingelöst wurde zumeist die Verheißung, über die Produktion höherer Stückzahlen Kostenminderung erzielen zu können.

Hier eine Auswahl von Hauptwaffenprojekten, bei denen die erwartete Leistung nicht erreicht, der Zeitplan weit überschritten wurde und die Kosten explodierten: *mittlerer Transporthubschrauber NH-90, Kampfhubschrauber TIGER, EUROFIGHTER, MilitAirbus A400M, Fregatte 125, Kampfschützenpanzer PUMA.* Vier dieser Projekte sind international.

Irrationale Momente deutscher Rüstungsplanung zeigt das folgende Beispiel:

4.3.2 Eine rüstungspolitische Mesalliance

Um die Irrationalität der Rüstungsplanung zu illustrieren, soll von einer Mesalliance berichtet werden, von einer Eheanbahnung, die nicht zur Hochzeit führen konnte. Verheiratet werden sollten das A400M, ein mittelschweres Transportflugzeug für strategische Distanzen, mit einem Kampfschützenpanzer, der nach etlichen Umtaufen, die konzeptionelle Unsicherheit verrieten, PUMA genannt wurde. Während der Zeit der rotgrünen Koalition gerieten beide Vorhaben öfter mal ins Schlingern.

Jene Vertreter von Rüstungsindustrie, Militärpolitik sowie von Luftwaffe und Heer, denen die Projekte am Herzen lagen, konnten diese dennoch vor einem frühzeitigen Aus bewahren – und zwar dadurch, dass sie die Taktik der gegenseitigen Absicherung anwandten. Was heißt das?

Der Kampfschützenpanzer, mit im internationalen Vergleich anspruchsvollen Leistungsvorgaben, sollte für den Lufttransport, nach Befreiung von seiner abnehmbaren Zusatzpanzerung, nur etwa 30 t wiegen. So würde den vorgesehenen technischen Merkmalen gemäß der MilitAirbus das Fahrzeug auch in entfernte Krisengebiete fliegen können. Für den Einsatz sollte dann die getrennt transportierte Zusatzpanzerung wieder angebracht werden.

Auf dieser Basis entwickelte sich die Argumentation, dass nur beides zusammen, Flugzeug und Panzer, einen Sinn ergäbe. Was zugleich bedeutete, dass beide Teilstreitkräfte – im Sinne einer Kumpanei – gut beraten schienen, sich für das jeweils andere Vorhaben einzusetzen. Man redete von Synergie-Effekten und hatte dabei wohl vor allem eines im Sinn:

Dieser Systemverbund versprach, bei Einsätzen fern der Heimat kräftig gegenüber der Konkurrenz der Verbündeten auftrumpfen zu können, verhieß also Statusgewinn. Keiner hätte eine so flexibel-kampfkräftige Kombination gehabt, hätte da draußen so schnell und so hart auftreten können – und wenn doch, dann zum Preis, uns Deutsche kopieren zu müssen.

Doch sind beide Projekte in technische und finanzielle Schwierigkeiten geraten: so groß, dass es bald grotesk erschien, weiterhin mit einem synergetischen Verbund zu argumentieren.

Wenden wir uns zunächst dem Projekt A400M zu! Das Vorhaben stammt noch aus dem Kalten Krieg. Vor allem ging es um den langfristigen Ersatz der in die Jahre kommenden TRANSALL-Flotte.

Als dies in der Amtsperiode der ersten rotgrünen Koalition konkrete Züge annahm, war vorgesehen, gemeinsam mit anderen europäischen Verbündeten insgesamt 288 neue Maschinen zu beschaffen. Auf die Luftwaffe sollten davon 73 Flugzeuge entfallen, deren Systempreis 1998 mit 50 Mio. US-Dollar angegeben wurde. Fiskalische Zwänge führten bald dazu, dass während der zweiten rotgrünen Koalition die Zahl der Systeme für die Luftwaffe auf 60 reduziert wurde (später kam noch eine weitere Verringerung: auf 53).

Damals, nämlich im Jahre 2002, war die Gesamtzahl der Bestellungen um etwa 100 Maschinen zurückgegangen. Offenbar hatten auch andere Verbündete Probleme mit der Finanzierung. Die Kostenschätzung für das europäische Produkt lag mittlerweile bei 100 Mio. US-Dollar pro System.

Die Entwicklung des A400M wurde zum Trauerspiel. Außerhalb der alten Sowjetunion war in Europa ein militärisches Frachtflugzeug dieser Größenordnung noch nicht projektiert worden. So haperte es an wesentlichen Stellen:

Die neu entwickelten Triebwerke erbrachten nicht die verlangte Leistung, den Tragflächen mangelte es an Stabilität, und die Zelle des Flugzeuges litt unter starken Vibrationen. Und: Der PUMA konnte – mit seinem vorgesehenen Minimalgewicht – nicht über die geplante Distanz von 4500 km geflogen werden.

Die Systemkosten für den MilitAirbus stiegen auf über 175 Mio. US-Dollar. Voll einsatzbereite Maschinen liefen der Luftwaffe erst in der zweiten Hälfte der vergangenen Dekade zu. 2023 verfügte die Bundeswehr über 42 dieser Flugzeuge (geplantes Ende der Zuläufe: 2026).

Auch beim PUMA gab und gibt es Probleme. Das geplante Fahrzeug firmierte gegen Ende der 1990er Jahre noch als *Schützenpanzer 3*, um dann nacheinander als *Neuer Schützenpanzer, Panther* (die Wehrmacht lässt grüßen!) und *Igel* bezeichnet zu werden. Bevor es zum PUMA kam, wurde beschlossen, das Vorhaben technologisch weniger ehrgeizig anzulegen als ursprünglich vorgesehen sowie zugleich die Zahl der zu bestellenden Systeme von etwa 1.150 auf ca. 350 zu reduzieren.

Trotz technologischer Korrektur sollte das Produkt ein wahrer Tausendsassa sein: ein überdurchschnittlich gut geschütztes Fahrzeug als Rückhalt leichter Expeditionskräfte, das sich gegenüber Aufständischen durchsetzen, zugleich aber auch Hubschrauber bekämpfen und gegnerische Kampfpanzer auf Distanz halten kann.

Während der Entwicklung gab es schwerwiegende Probleme mit der Stabilisierung der Maschinenkanone, aber auch mit Kraftübertragung, Fahrwerk und Bordelektronik. Und das Fahrzeug wiegt nun ohne die Zusatzpanzerung mehr als die vorgesehenen 30 t. So groß waren, und sind, die Schwierigkeiten, dass hinter vorgehaltener Hand von Fehlkonstruktion gesprochen wird.

Die erforderliche Abhilfe ist nicht umsonst: So hat man sich von fünf Millionen Euro, dem ursprünglichen Systempreis, zunächst auf acht Millionen und danach auf über 17 Mio. (!) zu bewegt: der weitaus teuerste Kampfschützenpanzer der Welt. Das Ende der erforderlichen Nachbesserungen ist aber wohl immer noch nicht in Sicht.

Vor dem Hintergrund der reduzierten Anzahl und der verschlechterten Nutzlast-/Reichweiten-Charakteristik des A400M sowie der Probleme mit dem PUMA erscheint klar, dass es keinen strategischen Huckepack-Transport geben wird. Die Eheanbahnung ist also gescheitert, hat aber beiden Partnern so lange über die Runden geholfen, dass sie nun – auf wackligen Beinen – jeweils für sich in die Zukunft stolpern können: was im Hinblick auf den Kampfschützenpanzer erstaunlicherweise bedeutet, dass etliche Hundert zusätzlich beschafft werden sollen.

5.1 Prinzipielle Orientierungen

Ziel sollte es zum einen sein, die Streitkräfte stringent auf die anstehenden Aufgaben zu beziehen, und zum anderen, ihren Zugriff auf öffentliche Ressourcen mit den Bedürfnissen einer stabilen Demokratie kompatibel zu machen.

Aufgabenbezug Das bedeutet die Absage an den Missbrauch unserer Streitkräfte als Instrument der Statuskonkurrenz im westlichen Bündnis, Konzentration auf die Landes- und Bündnisverteidigung in Arbeitsteilung mit den Nachbarn – verknüpft mit der Befähigung, der internationalen Gemeinschaft ein begrenztes Potenzial an Einsatzkräften zur Krisenprävention zur Verfügung zu stellen.

Ressourcengerechtigkeit Der militärische Sektor sollte sich in die Finanzplanung des Bundes so einfügen, dass Spielräume für andere wichtige gesellschaftliche Aufgaben bleiben (und zwar ohne aufgeblasene Kreditfinanzierung): die systematische Sicherung der sozialstaatlichen Komponente und die Modernisierung der nationalen Infrastruktur.

Zu den knappen Ressourcen gehört vor allem auch das Personal. Die Bundeswehr ist mit dem Freiwilligkeitsprinzip nie wesentlich über eine Präsenzstärke von 180.000 Soldatinnen und Soldaten hinausgelangt (bei 20.000 nicht besetzten Dienstposten). Neuerlich wird eine Präsenz von 260.000 angestrebt, was – trotz aller Kosmetik und Tricks – über kurz oder lang, bei gegebener Demografie, eine Rückkehr zum Pflichtprinzip bedeuten wird.

Hier wird stattdessen, um die Personalgewinnung zu entlasten, eine Verringerung der Präsenz auf 165.000 sowie 5000 Wehrübungsplätze avisiert: bei

© Der/die Autor(en), exklusiv lizenziert an Springer Fachmedien Wiesbaden GmbH, ein Teil von Springer Nature 2026
L. Unterseher, *Europäische Aufrüstung: Ein Irrweg?*, essentials,
https://doi.org/10.1007/978-3-658-50586-8_5

personeller Ausdünnung von Marine und Luftwaffe, Rationalisierung der Stäbe und Kaderung von über einem Drittel der Heeresbrigaden.

Die folgende Skizze beschränkt sich auf die klassischen Teilstreitkräfte. Die Streitkräftebasis, mit Hilfsfunktionen wie Personalwerbung, Fortbildung, stationäre Logistik, elektronische Aufklärung oder Feldpolizei, bleibt ausgeklammert.

5.2   Die Teilstreitkräfte

Die im Folgenden skizzierten Strukturen wurden in Anlehnung an das Gedankengut der Alternativen Verteidigung entwickelt, wobei es freilich nicht um „exotische" Lösungen ging: Es kam auf Pragmatik an, möglichst einfache Verbandstypen und das Anknüpfen an Bestehendes. Der Tenor lautet: Raumdeckung durch leichte Kräfte – und in diesem Kontext gezielt-flexible Vernichtung von Eindringlingen!

5.2.1   Luftwaffe

Die russische Luftwaffe verfügt gegenwärtig (Sommer 2025) – nach aktuellen Kriegsverlusten – über etwas mehr als 1200 taktische Kampfflugzeuge. Selbst wenn die Verluste kompensiert werden und der Vorkriegsstand von über 1.400 wieder erreicht würde, ist nicht anzunehmen, dass bei einem militärischen Konflikt mit der NATO deutlich mehr als 900 russische Maschinen zur Verfügung stehen könnten. Aus geostrategischen Gründen dürfte auch anderswo Präsenz erforderlich sein.

Die taktischen Luftstreitkräfte der NATO haben ca. 4000 Kampfflugzeuge (Statista 2024). Selbst wenn angenommen wird, dass die türkische Luftwaffe in einem Ernstfall nicht zur Verfügung stehen und die USA nur die Hälfte ihres Potenzials entsenden würde, ist immer noch mit einer quantitativen Überlegenheit von über 2 zu 1 zu rechnen. Hinzu kommt ein signifikanter qualitativer Vorteil des Westens. Dieser ist vor allem technologischer Natur, betrifft aber auch das Pilotentraining.

Die Luftwaffe verfügt gegenwärtig über ca. 220 Kampfflugzeuge. Angesichts des beträchtlichen Überangebotes in der NATO und zumal der deutsche Anteil bei internationalen Missionen (auch bei der Luftraumüberwachung im Baltikum) den Umfang einer Staffel nicht überstiegen hat, erscheint es gerechtfertigt, die fliegenden Verbände der Luftwaffe auf einen Bestand von 140 Einsatzmaschinen zu reduzieren (Überführung von noch tauglichem Material in die Reserve).

Dies könnte bedeuten, dass die fliegenden Kräfte der Luftwaffe aus vier Geschwadern bestehen: eines mit 35 F-35 und drei mit je 35 EF 2000, wobei letztere wegen der Provokationsproblematik und aus Gründen der Effizienz für Luftraumkontrolle und Abfangjagd optimiert sein sollten.

Die bodengebundene Luftverteidigung (FlaRak) sollte, insbesondere mit kostengünstiger israelischer Technologie, ausgebaut und in die europäische *Luftverteidigungsinitiative* eingebracht werden.

Der künftige Umfang der Flotte strategischer Lufttransporter könnte bei nur noch 35 (statt 53) Systemen liegen. Schwerlasthubschrauber (35 statt 60) und mittlere/leichte Transporthubschrauber (35) sind in die Regie des Heeres zu überführen.

5.2.2 Marine

Gegenwärtig gibt es elf Fregatten (in einer Größenklasse, die bislang für Zerstörer typisch war). Sechs U-Boote mit erheblich größerer Verdrängung als ihre Vorgänger empfehlen sich ebenfalls eher der Hochseeverwendung als dem Operieren in Küstennähe.

Nur fünf Korvetten nehmen die Aufgabe der Randmeerpräsenz wahr. Allerdings wird der Zulauf weiterer fünf Einheiten der eingeführten Klasse 130 erwartet.

Die NATO, das größte maritime Bündnis aller Zeiten, ist mit ihren starken Überwassereinheiten und den atomar angetriebenen U-Booten im atlantischen Raum so dominant, dass sie keine Herausforderung fürchten muss.

Vor diesem Hintergrund empfehlen sich für die deutsche Marine ein schrittweiser Ausstieg aus der immer aufwendigeren „Dickschiffrüstung" und eine Konzentration auf die Wahrnehmung strategisch wieder wichtiger erscheinender Randmeeraufgaben. Künftig könnte die Überwasserkomponente ausschließlich aus 15 kompakten Korvetten bestehen und dadurch ein teurer Spagat „Hochsee – Randmeer" vermieden werden.

Die U-Boot-Komponente ist auf sechs Einheiten zu begrenzen: mit der Maßgabe einer Orientierung an Randmeerszenarien. Und *last, but not least*: Der Bestand an Plattformen zur Kampfmittelbeseitigung sowie zur humanitären Unterstützung ist zu stabilisieren.

Im Hinblick auf die Planung von Überwasser-Kampfeinheiten und U-Booten begibt sich die Marine gegenwärtig aber auf einen anderen Weg, einen Kurs, der an Hybris schwer zu überbieten ist: Status-orientierte Aufrüstung und extreme Mittelverschwendung – an der Verteidigungsaufgabe vorbei. Der Bau von fünf oder sechs Fregatten (F 127) mit dem US-amerikanischen AEGIS-Luftabwehr-system ist avisiert (Steigerung der Tonnage auf die schwerer Kreuzer des Zweiten Weltkrieges): vorgeblich zur Flugabwehr in der Ostsee, aber mit dem Hintergedanken, US-Flugzeugträger auf den Weltmeeren eskortieren zu dürfen. Kosten: im zweistelligen Milliardenbereich.

Fiskalisch bereits in trockenen Tüchern ist der Zulauf von vier weiteren U-Booten (U 212 CD) – zwei waren bereits fest in der Planung – für die vorwiegend ozeanische Verwendung, mit einem Größensprung auf fast das Doppelte der ursprünglichen Klasse 212. Kosten: 5 Mrd. € plus.

5.2.3 Heer

Die bisherige Divisionsebene wird abgeschafft. Im Sinne einer modernen, flexiblen **MATRIX**-Organisation (Konzeption: General Johannes Gerber) können drei Korpskommandos, die unter einer zentralen Einsatzführung stehen und für alliierte Beteiligung offen sind, mit „Tochterstäben" aufgabenbezogen auf Kombinationen von Kampf- und Unterstützungstruppen zugreifen.

Achse *Unterstützung* (Regimenter*)*:

- 2 × Hubschrauberpool (keine Kampfhubschrauber/Absage an die Idee der „Luftkavallerie" wegen des Mangels an plausiblen Einsatzszenarien),
- 3 × Artillerie (Rohr/Rakete),
- 3 × Truppenflak,
- 3 × Sperrpioniere,
- 3 × Logistik,
- 1 × ABC-Abwehr.

Achse *Kampf* (Brigaden):

- 4 × schwere (Kampfpanzer zu Kampfschützenpanzer 1:1), Zweck: Gegenstöße, Beeinflussung der Gefechtsdynamik,
- 9 × leichte auf geschützten Rad-Plattformen (5 teilgekadert), Zweck: defensive Raumkontrolle, militärische „Nachbarschaftshilfe",
- 1 × Spezialinfanterie (Fallschirmjäger/Gebirgsjäger/„Kommandos").

Damit ergeben sich *14 Kampfbrigaden statt gegenwärtig neun*. Zusätzlich sollte es, gleichsam als „Unterfutter", eine über Territorialkommandos geführte dezentrale Struktur von Objektschutzteams geben, die sich weitgehend auf Reservisten stützt.

Technische Ausstattung des Heeres Die Komponente indirekten Feuers bei den Unterstützungskräften sollte Radplattformen nutzen, ebenso die Truppen-Flugabwehr (Ableitung aus dem GTK Boxer?), da hier operative Beweglichkeit wichtiger ist als taktische. (Für andere Zwecke erscheint der klobige Boxer ungeeignet, allerdings sieht die amtliche Planung etliche Tausend vor.)

Die schweren Brigaden mit einem Nachfolger des Leopard 2, der nicht überkomplex sein sollte (die bisherige Stückzahl genügt, also nicht die geplante Verdreifachung!), bleiben als unmittelbare Begleitung auf den Kampfschützenpanzer PUMA angewiesen. Umso wichtiger ist seine Überarbeitung hin zur Tauglichkeit und nicht eine weitere große Beschaffung. Hinzu käme hier die Panzerhaubitze 2000.

Die leichten Brigaden, auf einer 4X4 (oder 6×6)-Einheitsplattform (10-Tonner) mit besonderem Minenschutz und etlichen Funktionsvarianten: Maschinenkanone gegen Erd- und Luftziele, Infanterietransport (Halbgruppe), Lenkwaffen gegen Panzer/Flugobjekte, Automatmörser und vor allem Plattform für den Einsatz taktischer Drohnen. Diese Verbände eignen sich auch gut für die Unterstützung bedrohter Verbündeter.

Agilität und Kompaktheit der leichten Plattformen sind funktionales Äquivalent stärkeren Panzerschutzes. Was zählt, ist der dreifache Vorteil größerer taktischer, operativer und strategischer Beweglichkeit.

5.3 Kostenkalkül

Die vorgestellte Strukturlösung verspricht verlässlichen Schutz zu vertretbarem Aufwand – und zwar aus folgenden Gründen:

- Personalwerbung und -ausgaben werden durch die Verringerung der Präsenzstärke entlastet.
- Die drastische Reduzierung der fliegenden Komponente der Luftwaffe erspart künftige Investitionen in neue Ausrüstung und erhebliche Mittel für Betrieb und Unterhalt (viel mehr als ein Ausbau der bodengestützten Luftverteidigung erfordert).
- Der Abbau der Hochsee-Komponente der Marine reduziert einen weiteren kapitalintensiven Bedarf.
- Die Erweiterung des Heeres ist demgegenüber kostengünstig: geht es doch um kaum kapitalintensive Ausrüstung und gekaderte Verbände.

Eine – zugestandenermaßen grobe – Schätzung lässt plausibel erscheinen, dass mit dieser Lösung ein Bundesverteidigungshaushalt möglich wäre, der weniger als zwei Prozent des BIP benötigen würde.

Vor über 20 Jahren erschien in der Wiener Zeitung, dem Staatsanzeiger Österreichs, ein Beitrag, der eine stärkere Integration der Länder der Europäischen Union forderte (E. Matzner/L. Unterseher 2003: Für ein europäisches Gesellschaftsmodell, Nr. 159, S. 3). In diesem Rahmen wurde die Schaffung gemeinsamer Streitkräfte, **an Stelle nahezu aller nationalen Anstrengungen** auf dem Verteidigungssektor, als Voraussetzung dafür gesehen, die EU zu einem einheitlichen Akteur in der internationalen Arena zu machen.

Den Autoren war klar, dass Streitkräfte nicht zuletzt Ausdruck nationaler Identität – gar wieder aufblühender Nationalismen – sind und sich wohl nur schwer wirklich 'internationalisieren' lassen (weswegen gemeinsame militärische Kontingente immer nur zusätzlich zu den nationalen – oder aus denen 'abgezweigt' – gedacht wurden).

Dennoch scheint es in der gegenwärtigen Situation geboten, die radikalere Lösung zu propagieren: im Sinne einer konkreten Vision, die politische Langfristkalküle beflügeln könnte. Denn die Vorteile einer solchen Perspektive sind erheblich – nicht nur sicherheitspolitisch, sondern auch im Sinne der Schonung knapper Ressourcen. Es geht also um ein *Gedankenspiel*, das dazu ermutigen soll, „Europa" wirklich ernst zu nehmen.

6.1 Institutionelles und atomarer Schutz

Es wurde als politischer Rahmen des skizzierten Streitkräftemodells die Europäische Union angenommen. Dies ist vor allem auch deswegen plausibel, weil es mit dem Kurs der Trump-Administration die NATO im Sinne einer echten atlantischen Partnerschaft nicht mehr gibt.

L. Unterseher, *Europäische Aufrüstung: Ein Irrweg?*, essentials,
https://doi.org/10.1007/978-3-658-50586-8_6

Ob sich eine selbstbewusste „Euro-NATO" entwickeln kann, ist angesichts US-amerikanischer Pressionen und Spaltungsversuche äußerst fraglich. Sinnvoll erscheint es jedoch, Infrastruktur der NATO und deren eingespielte Kommunikationsstruktur in genuin europäische Streitkräfte gleichsam „hinüberzuretten".

Die EU versteht sich nicht als Hegemonialmacht, die ihren Einflussbereich – auch – mit militärischen Mitteln, ob direkt oder indirekt, auszudehnen trachtet. Eine entsprechende politisch-strategische Orientierung könnte niemals die Unterstützung einer qualifizierten Mehrheit der Mitgliedsstaaten finden.

Die EU trachtet vielmehr danach, ihren Einfluss im globalen Rahmen – vor allem auch mit der Perspektive internationaler Sicherheit – dadurch geltend zu machen, dass ökonomische, kulturelle sowie politisch-diplomatische Verbindungen verknüpft und vertieft werden.

Die militärische Komponente eines solchen Ansatzes ist dazu da, das Territorium der Europäischen Union und das von Nachbarn an der Peripherie zu schützen sowie mit Legitimation durch die internationale Gemeinschaft, sich an der Stabilisierung auch entfernter Krisenzonen zu beteiligen, ohne dabei Bestrafungsmissionen (oberhalb der Absicherung von Embargo-Maßnahmen) zu übernehmen.

Im Sinne dieses Konzeptentwurfs: Die Europäische Kommission wird um die Position eines Kommissars (einer Kommissarin) für Verteidigung erweitert. Die entsprechende Behörde fungiert als „Europäisches Verteidigungsministerium". Nachgeordnet sind eine strategische Planungseinheit (Generalstab), die insbesondere auch für die Vereinheitlichung der Einsatzregeln verantwortlich ist, und das zentrale militärische Führungsorgan.

Einsätze von militärischen Kontingenten bedürfen der Zustimmung von *Dreiviertelmehrheiten* der Mitgliedsstaaten und des Europaparlaments. Damit erhalten entsprechende Maßnahmen eine breite Legitimität. Zugleich lässt sich so vermeiden, dass der Sabotage gemeinsamer EU-Politik per Einstimmigkeitsprinzip Tür und Tor geöffnet werden.

Die EU-Streitkräfte sind in diesem Kontext als konventionelles militärisches Potenzial konzipiert, das durch die Fähigkeit zur *stabilen Abhaltung* etwaige Bedrohungen auf derselben Ebene neutralisieren kann. Der Heimvorteil der Verteidigung, von Carl von Clausewitz beispielhaft herausgearbeitet, wird systematisch genutzt. Die militärischen Strukturen werden pragmatisch den von der Alternativen Verteidigung entwickelten Grundmustern angenähert. Es bedarf also keiner nuklearen Komponente, um eigene konventionelle Schwäche zu kompensieren.

Gibt es aber eine nukleare Bedrohung, stellt sich die Frage, wie ihr sinnvollerweise zu begegnen ist. Bisher lag die Standardantwort in einem Hinweis auf die *„extended deterrence"* der USA. Diese Garantie ist, wie bereits erkannt, durch das Taktieren des gegenwärtigen US-Präsidenten vollends fragwürdig geworden:

Schutz wird allenfalls, und keineswegs verlässlich, bei Wohlverhalten (nach demütigenden US-Kriterien) verheißen.

Bleibt der Blick nach Frankreich. Dessen nukleares Arsenal ist ein stabilitätsgerechtes *„minimum deterrent"*: seegestützt und prinzipiell geeignet als letzte *Rückversicherung* gegenüber einem gegnerischen Erstgebrauch atomarer Waffen, aber nicht zum *nuclear warfighting* auf dem Gefechtsfeld. So empfehlen sich Bemühungen, das französische Abschreckungspotenzial in die europäische Verteidigung einzubinden.

Aus Paris gibt es entsprechende Signale, obwohl doch die französische Position bislang war, Atomwaffen ausschließlich für den nationalen Eigenschutz vorzuhalten. Doch die amerikanische Lösung ist ebenfalls nicht sicher – und war es möglicherweise nie. Frankreich ist immerhin ein Nachbar, der im Falle der atomaren Bedrohung eines Partnerlandes unmittelbar betroffen wäre.

6.2 Umfang und Ressourcenbedarf

6.2.1 Personal

Die EU-Streitkräfte haben einen Gesamtumfang von **einer Million präsentem Personal in Uniform** (einschließlich 30.000 Wehrübungsplätzen). Die nationalen Anteile sind quotiert, wobei Abweichungen einvernehmlich möglich sind. Damit liegt der Präsenzumfang in der Größenordnung über dem der russischen Streitkräfte vor dem Angriff auf die Ukraine und um 25 % unter dem aller heutigen EU-Armeen.

Die Streitkräfte können sich auf über 1,8 Mio. ReservistInnen stützen.

Die Personalgewinnung basiert auf dem Freiwilligenprinzip. Eine einheitliche Armee verlangt ein einheitliches Verfahren der Rekrutierung.

Dies schließt aber nicht aus, dass auf nationaler Ebene lokale Milizen nach dem **Pflichtprinzip** *generiert werden können, wenn die geostrategische Situation als besonders prekär gilt.*

Die Personalstruktur stellt sich wie folgt dar:

- Berufsoffiziere: 7 %,
- Offiziere mit Zeitvertrag: 10 %
- Berufsunteroffiziere: 15 %
- Unteroffiziere mit Zeitvertrag: 28 %
- Mannschaftsdienstgrade (2 J. Stehzeit): 40 %

Hinzu kommen 270.000 zivile Bedienstete in der Verwaltung etc.

6.2.2 Haushalt

Das europäische Verteidigungsbudget (Angaben in Mrd. €):

Personal	
Einkommen	
Militär	54
Zivilbedienstete	18
Pensionen/Abfindungen/Versicherungen	27
Zuschuss nationaler Heimatschutz	6
Summe	105
Modernisierung	
Forschung & Entwicklung	18
Beschaffung	68
Zuschuss nationaler Heimatschutz	4
Summe	90
Instandhaltung und Betrieb	74
Jährliche Gesamtausgaben	269

Erläuterungen: Die Angaben beziehen sich auf das Jahr 2024: Brutto-Inlandsprodukt (BIP) der EU bei 18 Bio. €, Verteidigungsausgaben insgesamt von 343 Mrd. € oder einem Anteil von 1,9 %.

Dem Modell gemäß sind somit nur *1,5 % des BIP* an Verteidigungsausgaben erforderlich. (Wenn es auch einzelnen EU-Mitgliedsstaaten frei steht, auf einen personellen Beitrag zur gemeinsamen Armee zu verzichten, sind alle doch gehalten, entsprechend ihrem BIP in den gemeinsamen Topf einzuzahlen.)

Die Angaben zu den Personalaufwendungen orientieren sich an den entsprechenden Daten eines mitteleuropäischen Landes (pro Person) – auf der Grundlage der explizierten Personalstruktur und Umfangsbestimmung. Diese Aufwendungen machen ca. 39 % des Gesamtbudgets für die Verteidigung aus.

Damit ergeben sich für die laufende Modernisierung der EU-Streitkräfte und ihren Betrieb Ressourcen, die – relativ und absolut gesehen – im internationalen Maßstab beeindrucken.

Die Modellkosten von 269 Mrd. € (ca. 300 Mrd. USD) lassen sich zu den Militärausgaben Moskaus in Beziehung setzen, die 2024, wie berichtet, bei etwa 150 Mrd. USD oder 7 % des russischen BIP lagen (de.statista.com 2024).

6.3   Strukturen: Land, Luft, See

Der zentralen Führung unterstehen die Streitkräftebasis und die Einsatzorganisation. Die *Streitkräftebasis* umfasst 200.000 Personen in Uniform und 190.000 Zivilbedienstete. Ihre Funktionen sind (Schwerpunkte):

- Personalgewinnung (Auswahl)/Laufbahnlenkung,
- Grundausbildung von Rekruten/Organisation der Wehrübungen,
- Fortbildung und Qualifizierung,
- Betreiben der Truppenübungsplätze,
- elektronische Aufklärung,
- Cyberkampf/-abwehr,
- Weltraum-gestützte Aufklärung,
- Überwachung des EU-Luftraumes mit landgestützten Sensoren (Radar),
- stationäre Logistik,
- stationäre medizinische Versorgung,
- Objektschutz durch Sicherungsinfanterie,
- Ordnung in den Streitkräften (Militärpolizei),
- Erprobung und Bewertung von Ausrüstung.

Die *Einsatzorganisation* hat eine Präsenzstärke von 800.000 Uniformierten und 80.000 Zivilbediensteten. Sie gliedert sich in sieben Militärbezirke, in denen Landstreitkräfte, Luftverteidigung und Marine eng kooperieren. Dabei kann das jeweilige „Mischungsverhältnis" der Teilstreitkräfte (TSK) erheblich variieren.

6.3.1   Landstreitkräfte

Diese haben eine Präsenzstärke von 610.000 Militärpersonen. (Das ist erheblich mehr als der Umfang des russischen Heeres vor dem Angriff auf die Ukraine. Letzteres enthält zudem auch größere Komponenten, die im Kontext dieses Modellentwurfes zur Streitkräftebasis gerechnet werden.)

Der Umfang von 610.000 entspricht 76 % aller Einsatzkräfte. Damit wird angezeigt, dass die europäische Verteidigung dem Schutz eigenen Territoriums eindeutige Priorität gibt. Die Komponenten weitreichender Machtprojektion (Marine, Luftwaffe) haben einen geringeren Anteil als der gegenwärtige Durchschnitt der EU-Mitgliedsstaaten mit drei Teilstreitkräften.

Die Landstreitkräfte bestehen aus 50 Kampf- und 40 Unterstützungsbrigaden. Die Kampfverbände:

- 5×Spezialkräfte mit Eignung für Luftlande-Einsätze als Speerspitze taktischer (Gegen-)Angriffe, Evakuierung etc.,
- 10×Panzeraufklärer in homogener Ausstattung mit einer leichten, geschützten Radplattform; Gefechtsfeldradar, landbewegliche Roboter, und taktische Drohnen; Bewaffnung: leichte Maschinenkanonen, Lenkwaffen, Automatmörser; Aufgaben: Informationsbeschaffung, Raumkontrolle und „cavalry screen", Unterstützung bedrohter Nachbarn außerhalb des Bündnisses,
- 25×mechanisierte Infanterie auf der leichten Plattform der Aufklärer und ähnlicher Bewaffnung sowie – zur Feuerunterstützung – einer mittleren Radplattform: Raumdeckung, schnelle (operative) Bewegung in die taktische Defensive, Unterstützung bedrohter Nachbarn außerhalb des Bündnisses,
- 10×schwere Kräfte, homogen mit Kettenfahrzeugen ausgerüstet, Kampfpanzer zu Kampfschützenpanzern: 1 zu 1, plus ein Element Panzerhaubitzen: Kooperation mit leichten Verbänden (Hammer-und-Amboss-Taktik).

Alle Formationen verfügen über integrierte Flugabwehr (*Truppenfla*).

Es gibt keine Kampfhubschrauber: Die Erklärung liegt, wie bereits bemerkt, im Fehlen plausibler Einsatzszenarien sowie mangelnder Kosteneffektivität (C. Conetta: Rotocraft for War, Part II. Helicopters in the U.S. Wars since 9/11, in L. Unterseher 2009, Military Intervention and Common Sense, Cambridge, MA: The Commonwealth Institute).

Die 40 Unterstützungsbrigaden umfassen die folgenden Typen: Fernmelde (5), Logistik (10), Pionier (5), Transporthubschrauber (5), mechanisierte Artillerie: Rohr/Rakete (10), ABC-Abwehr (5).

Die Gesamtstruktur wirkt relativ leicht. So gibt es nur etwa 1.000 Kampfpanzer, während die gegenwärtigen Armeen der EU-Staaten insgesamt über etwa 2000 verfügen. Der Schwerpunkt liegt eher bei den leichten, operativ hoch beweglichen und für die Defensive optimierten, kosteneffektiven Kräften.

Eine besondere Stärke der Struktur liegt auf dem Gebiet des indirekten Feuers: Die 10 Artilleriebrigaden des Unterstützungspools und die Artilleriebataillone der Infanterie- und Panzerbrigaden zusammengenommen ergeben einen Umfang von über 2.100 mechanisierten Feuereinheiten. Zum Vergleich: Das russische Heer hatte vor dem Überfall auf die Ukraine deutlich weniger entsprechende Systeme in aktiven Verbänden: bei auffälligen Qualitätsdefiziten.

Die Einsatzorganisation ist flexibel. Auf der Ebene der Militärbezirke werden jeweils mehrere Führungskomplexe vorgehalten, die lageabhängig aus der MATRIX der Kampf- und Unterstützungsbrigaden *Missionspakete* bilden. Naheliegend ist, dass die Militärbezirke, die an eine potenzielle „Quelle der Bedrohung" grenzen, mit Elementen der Landstreitkräfte besser ausgestattet sind als die anderen.

6.3.2   Luftverteidigung

Die Luftverteidigung hat einen Personalumfang von 100.000 Uniformierten oder 13 % aller Einsatzkräfte. Ihre beiden Säulen sind die *bodengestützte Luftabwehr* und die *fliegenden Kräfte.*

Die *bodengestützte Flugabwehr* verfügt über eine ausgebaute Sensor/Radar-Organisation, Führungsstrukturen, die in jene der Militärbezirke integriert sind, und 360 Feuereinheiten – gegliedert in 10 Regimenter.

36 dieser Feuereinheiten sind auf die Bekämpfung ballistischer Raketen spezialisiert, die Übrigen gegen ein breites Spektrum luftatmender Flugobjekte (bemannt/unbemannt) gerichtet. Bei einer durchschnittlichen Reichweite der Lenkwaffen von 75 km ergibt sich – rechnerisch – eine mehr als eineinhalbfache Abdeckung der Gesamtfläche der EU. Da aber lageabhängig verdichtete Dislozierungen der Feuereinheiten sinnvoll sind, kann die Abdeckung regional ein Mehrfaches erreichen: als beträchtliche Entlastung der fliegenden Kräfte.

Die *fliegenden Kräfte* verfügen über drei Staffeln für die operativ-strategische Aufklärung (Überwachung des Luftraums sowie von Land- und Seebewegungen in der Tiefe) sowie 30 Geschwader (Geschwader zu 36 Maschinen in drei Staffeln) und 10 nicht in Geschwadern organisierte Staffeln für operativ-taktische Zwecke:

- 5 Staffeln taktische Aufklärung (auch Eloka/Unterdrückung gegnerischer Flugabwehr), bemannte/unbemannte Systeme,
- 25 Geschwader Abfangjagd/Luftüberlegenheit für die defensive Kontrolle des EU-Luftraumes oder in Krisenzonen,
- 5 Geschwader leichte Jagdbomber („mudfighters"?): Luftnahunterstützung als flexible „Feuerwehr" der Defensivkräfte am Boden,
- 5 Staffeln schwere Jagdbomber: *Interdiction* und *Strike* (vor allem auch für Einsätze gegen Seeziele).

Damit liegt der Bestand an taktischen Kampfflugzeugen bei 1.200 Maschinen – verglichen mit den knapp 1.500 des gegenwärtigen Bestandes der EU. Doch zieht das Gros des etwas verringerten Potenzials systematisch Vorteile aus der Nutzung des Heimvorteils.

Ein zusätzlich zur Struktur gehörendes Geschwader mit weitreichenden Lenk-flugkörpern/Drohnen (für Strike-Zwecke) kann den Gesamteindruck einer Priori-sierung der Defensive nicht wesentlich schmälern. Diese Orientierung ist wohl-begründet.

NATO-Studien haben gezeigt, dass die hier implizierte Luftverteidigung über eigenem Gebiet kostenwirksamer ist als die Bekämpfung gegnerischer Angriffs-kräfte auf ihren Basen (C. E. Myers Jr. 1985: The Military Utility of Tacair, Wor-king Paper, Arlington, VA, Januar; The Economist 1986: NATO's Central Front, 30. August, S. 19).

Die im Rahmen der fliegenden Kräfte bereitgestellte Transportkapazität stützt sich auf Flugzeugtypen unterschiedlicher Reichweite und Nutzlast: 2 Staffeln mit schweren interkontinentalen Systemen, 5 Staffeln der kontinentalen Ebene und 10 für den operativ-taktischen Bereich. Wichtig, dass die Lufttransportkapazität den innereuropäischen Bedürfnissen entspricht, auch für Langstreckeneinsätze zur Katastrophenhilfe sowie die schnelle Verlegung defensiver Truppen im An-fangsstadium von Krisen hinreichend ist – dass aber Machtprojektion im Sinne von Strafexpeditionen das Potenzial überfordert. (Das gilt auch für die Luftbe-tankungskapazität.)

6.3.3   Marine

Die Marine hat einen Personalumfang von 90.000 oder 11 % aller Einsatzkräfte.

Sie besteht aus der *Küstenverteidigung* zum Schutz von Meerengen und ande-ren sensiblen Küstenabschnitten und den *Seestreitkräften* (im engeren Sinne).

Die Küstenverteidigung hat einen Personalumfang von 11.000. Ausgerüstet ist sie mit Batterien von Seeziel-Lenkflugkörpern, dazu die entsprechende Sen-sorik, auf beweglichen Plattformen und mit leichter Flugabwehr. Hinzu kommt Sicherungsinfanterie.

Die Seestreitkräfte haben 79.000 Militärpersonen. Ihre schwersten Einheiten sind drei Flugzeug-/Hubschrauber-Träger, die im Mittelmeer oder im Atlantik zur Seeraumkontrolle und als Rückhalt leichterer Kräfte verwendet werden. Es gibt keine Docklande- und amphibischen Angriffsschiffe, da massive Machtprojektion gegen verteidigte Küsten nicht zum Aufgabenspektrum der Seestreitkräfte ge-hört. Vorhandene Plattformen sind für Zwecke der Katastrophenhilfe auch in entfernten Gebieten umzuwidmen sowie technisch anzupassen. Das Gros der Kampfeinheiten stellt sich wie folgt dar:

- 35 Zerstörer und große Fregatten: zur Kontrolle und Verteidigung der an die Randmeere Europas grenzenden Seegebiete, Führung „vorne" dislozierter Kontingente,
- 75 Korvetten und kleine Fregatten für die kontinuierliche Randmeerpräsenz und die Überwachung von Küsten mit problematischen Aktivitäten, Einsatz auch in entfernten Gebieten (Schutz vor Piraten/Überwachung von Embargo-Maßnahmen),
- 30 U-Boote (teils Hochsee-, teils Randmeer-Eignung/Antrieb: teils nuklear, teils Außenluft-unabhängig) als nicht-provokative „Vorposten" und zum Abfangen von Eindringlingen in für die EU relevante Seegebiete,
- 90 Boote für Minenkampf/Kampfmittelbeseitigung sowie auch für Patrouillenaufgaben vor allem in den Randmeeren.

Hinzu kommt eine begrenzte Anzahl großer Flottentender (5), womit angezeigt ist, dass weitreichende, große Operationen nicht zum Programm gehören. Die Übersicht weist deutlich weniger Zerstörer und große Fregatten auf als gegenwärtig im EU-Bestand sind, aber mehr als das entsprechende – auf Europa bezogene – Potenzial Russlands. Korvetten und kleine Fregatten sind im Modell erheblich zahlreicher als in den gegenwärtigen EU-Marinen und auch in Russlands westlichen Flotten.

Der Gesamtaufzug der Marine verdeutlicht, dass es auch hier um die Defensive geht: um die Kontrolle und den Schutz von europäischen Seeräumen. Dies schließt das gewaltsame Abweisen und die eventuelle Vernichtung von Eindringlingen notwendig ein.

6.3.4 Integration

Es stellt sich schließlich die Frage, wie die europäische Integration, die internationale Mischung, innerhalb der Teilstreitkräfte umgesetzt werden soll. Antwort: Auf der Grundlage bisheriger Erfahrungen empfiehlt sich, bei den Luft- und Seestreitkräften oberhalb der Einheitsebene (Staffel/Flotille) und bei den Landstreitkräften oberhalb der Verbandsebene (Brigade) anzusetzen.

6.3.5 Rüstungsbeschaffung

Beim Übergang zu dem skizzierten Modell ist ein Schub an Modernität zu erwarten: und zwar durch Ausmusterung von älteren Hauptwaffensystemen

(Kampfpanzer, taktische Kampfflugzeuge, Zerstörer und große Fregatten) sowie die Neubeschaffung leichterer Plattformen in größerer Anzahl.

Bei der weiteren Modernisierung ist von etablierten Mustern abzugehen. Bisher bildeten sich auf europäischer Ebene Konglomerate der Rüstungsindustrie, an deren Angeboten der jeweilige nationale Bedarf aus politischen Gründen („Europagedanke") nicht vorbeikam. Mitunter wurden solche Konglomerate erst durch die Bündelung der Nachfrage verschiedener Länder geschaffen.

Es ergab sich eine Situation, in der, wie bereits bemerkt, die Industrie das Angebotsmonopol besaß: mit negativen Folgen für Kostenentwicklung, Termineinhaltung und Leistungserfüllung. *In den Vereinigten Staaten gibt es etwa bei Ausschreibungen von großen Kampfflugzeugprojekten immer noch zwei bis drei Konkurrenten.*

Es ist sicherlich sinnvoll, dass europäische Streitkräfte sich vornehmlich auf europäische Rüstungskapazitäten stützen können, die allerdings nicht unbedingt in internationalisierter Struktur vorgehalten werden müssen, sondern ebenso ein Angebot einzelner Mitgliedsstaaten sein mögen. Man denke in diesem Zusammenhang etwa an den U-Boot-Bau in Deutschland oder den von See-Artillerie in Italien!

Doch um die im Rahmen des Europa-Armee-Modells erheblichen Mittel, im Sinne einer gebündelten Nachfrage, wirklich ergebnisgerecht einsetzen zu können, ist eine Berücksichtigung der Konkurrenz auf dem Weltmarkt für Rüstungsgüter erforderlich. Dabei sollten nicht nur bisher etablierte Anbieter zur Geltung kommen, wie die aus den USA und Großbritannien, sondern es muss eine breitere Palette von Staaten ernst genommen werden: Brasilien, Israel, Südafrika, Südkorea, Taiwan, Türkei u. a.

Ein Schlusswort

Europa ist im Begriff, in riesigem Umfang Kapital zu verschwenden – getrieben durch die Angst, von einem großen Verbündeten angesichts neuerlicher Gefahr aus dem Osten allein gelassen zu werden.

Diese Gefahr ist real, hat aber ihre Grenzen. Zu Hysterie besteht kein Anlass. Russland ist ein aggressiver Staat. Aber seine Möglichkeiten sind eher beschränkt.

Es kommt darauf an, in angemessener Weise zu reagieren, um Schaden von den Ökonomien und Gesellschaften des freien Europas abzuwenden.

„Angemessen" soll nicht bedeuten, dass – bei absichtlich relativierter Herausforderung – eine schwächliche Verteidigung vorgeschlagen wird. Im Gegenteil: Es geht um Solidität, klaren Aufgabenbezug, die systematische Nutzung des Heimvorteils und gemeinsames Handeln – aber nicht um eine Rüstung, der defensiver Schutz mitunter weniger wichtig ist als Statusgewinn in der internationalen Gemeinschaft: Deutschland als konventionell gerüstete Vormacht in Europa. (Ein CDU-Politiker hat sogar den Versuchsballon einer europäischen Atomrüstung unter deutscher Führung steigen lassen. In Paris war man nicht amüsiert.)

Es klingt angesichts der Aufrüstungshysterie, die bedenklicherweise auch das Gros der Medien erfasst hat, utopisch: Doch es ist dringlich, dass in Anbetracht der Dimension der beabsichtigten Rüstung und deren wahrscheinlich problematischen Folgen auf europäischer Ebene ein Expertengremium gebildet wird, dessen Mitglieder möglichst unabhängig von militärischen und industriellen Interessen sind und das von seinem Regelwerk her dazu gehalten ist, bei der Prüfung des Mainstreams Alternativen systematisch zu berücksichtigen.

L. Unterseher, *Europäische Aufrüstung: Ein Irrweg?*, essentials,
https://doi.org/10.1007/978-3-658-50586-8_7

Was Sie aus diesem *essential* mitnehmen können

- Die Erkenntnis, dass ein psychosoziales Phänomen, nämlich die Angst europäischer Eliten, sicherheitspolitisch allein gelassen zu werden, zu bedenklichen Entscheidungen führen kann – in ökonomischer und auch sozialpolitischer Hinsicht,
- dass die Bedrohung durch Russland ernst zu nehmen ist,
- dass aber ein breiter, kritischer Diskurs darüber geführt werden sollte, wie dieser Herausforderung aufgabengerecht und in sinnvoller Nutzung der vorhandenen Ressourcen zu begegnen ist.

Afheldt, H. (1976): Verteidigung und Frieden, Politik mit militärischen Mitteln, München: Hanser.

AKUF/Arbeitsgruppe Kriegsursachenforschung (2008): Das Kriegsgeschehen 2005. Daten und Tendenzen der bewaffneten Konflikte, hrsg. von W. Schreiber, Wiesbaden: Springer VS.

Bonin, B. Von (1989): „Juli-Studie", in H. Brill (Hg), Bogislaw von Bonin im Spannungsfeld zwischen Wiederbewaffnung – Westintegration – Wiedervereinigung, Bd. 2, Dokumente und Materialien, Baden-Baden: Nomos.

Brossollet, G. (1975): Das Ende der Schlacht, in C. F. von Weizsäcker (Hg.) (1976), Verteidigung ohne Schlacht, München: dtv, S. 93–223.

Chalmers, M. (1985): Paying for Defence: Military Spending and British Decline, London: Pluto.

Feiveson, H. (1989): Finite Deterrence, in H. Shue (Hg.), Nuclear Deterrence and Moral Restraint, Cambridge: Cambridge U. P., S. 273-292.

Gerber, J. (1989): Beiträge zur Praxis der alternativen Verteidigung, hrsg. von R. Meyers, Münster: LIT.

Giegerich, B. (2012): Die NATO, Wiesbaden: Springer VS.

Huntington, S. (1983): Conventional Deterrence and Conventional Retaliation, International Security, Bd. 8, Heft 3, in S. Miller (Hg.) (1986), Conventional Forces and National Security, Princeton, N.J.: Princeton U. P., S. 251–275.

Laqueur, W. (2015): Putinismus. Wohin treibt Russland? Berlin: Propyläen.

Mearsheimer, J. (1983): Conventional Deterrence, Ithaca, N.Y.: Cornell U. P.

Møller, B. (1995): Dictionary of Alternative Defense, Boulder, CO: Lynn Rienner.

SAS/Studiengruppe Alternative Sicherheitspolitik (1989): Vertrauensbildende Verteidigung. Reform deutscher Sicherheitspolitik, Gerlingen: Bleicher.

UCS/Union of Concerned Scientists (1983): No First Use, Cambridge, MA: UCS.

Uhle-Wettler, F. (1980): Gefechtsfeld Mitteleuropa: Gefahr der Übertechnisie- rung von Streitkräften, Gütersloh: Bernard & Graefe.

Unterseher, L. (2023): Krieg in der Ukraine, Wiesbaden: Springer VS.

L. Unterseher, *Europäische Aufrüstung: Ein Irrweg?*, essentials,
https://doi.org/10.1007/978-3-658-50586-8

GPSR Compliance
The European Union's (EU) General Product Safety Regulation (GPSR) is a set
of rules that requires consumer products to be safe and our obligations to
ensure this.

If you have any concerns about our products, you can contact us on

ProductSafety@springernature.com

In case Publisher is established outside the EU, the EU authorized
representative is:

Springer Nature Customer Service Center GmbH
Europaplatz 3
69115 Heidelberg, Germany